出典：前川光永著「カメオとギリシャ神話図鑑」柏書店松原株式会社

プラトーン著作集　第六巻

善・快楽・魂

第一分冊

第一アルキビアデース
ヒッパルコス
第二アルキビアデース

水崎博明 著

櫂歌全書 ⑯

序

もう二十歳は過ぎていた頃だったろうか。午後遅くの演習の時間が終って帰りを御一緒した時、恩師は仰有った「しかし、プラトンは、僕は思うが、未だ誰一人にも読まれてはいないのだ」と。それは確か文学部直ぐ近くの市内電車の狭いプラットフォームで電車の来るのを待ちながら私が学生の気楽さと甘えの中で演習の後のもやもやからプラトーンの読み方についての学者や研究者たちへの不満を恩師に言い立てていた時のことであっただろうか。私は一応古典ギリシアの哲学を勉強することには傾いていたが、それでも哲学という学問の茫漠たる大きさにはただただ呑み込まれて五里霧中でもあったのだった。私は一瞬余りにも思いがけないことを聞いたと思い耳がシーンと静まった。西洋には二十五世紀に渡る哲学の伝統が脈々とあり、その伝統は異口同音にプラトーンとの格闘の申し子ではなかったか。であれば、どうして彼らがプラトーンを読むことがなかったと言うことなど出来ようか。それなのに恩師は「未だ誰一人も読まなかった」のだと仰有るとは。だがしかし、その不可解は一瞬のうちに消え去った。何故なら、その御言葉は恩師の並々ならぬプラトーンを読むのだという決意とその勇気とのことなのだと私には、その一瞬のうちに、理解出来たからだ。そして同時に、何かこの私自身もまた恩師のそういう御言葉を心の片隅でずっとお聞きすることを待っていたのではないかというような気持ちにも襲われた。

その時より今は五十年の月日が過ぎた。四十三年の年月に渡って大学で講義する義務を負って来たが、私のその義務を遂行する「方法」はそれ以来ただただひたすらに「プラトーンを読む」というその一事であった。こういうことを人前で言うのは決して褒めたことでもなく或いは更にはまた犯罪にさえ近いことなのかも知れないが、私は人の多分十分の一も研究書や論文等の類を読んでは来なかったであろう。私は「プラトーンを読む」というその一事の前にはそんなにまでそれを読むべき書き物があるとは余り思われなかったのだ。研究書を読まぬとプラトーンが読めないのだろうか。私には余りそう思われなかったのだ。「プラトーンを読む」ということは研究者ではないと叶えられぬことなのだろうか。無論、研究者であってもプラトーンをよく読むということはあるとは思うが、例えばその研究者ではなくとも一人の子供が一心不乱に新美南吉の童話を読んでその心を研究者以上に真実育むということは、絶対にあり得ることだと思うのだ。

今日にギリシアの古典を、心貧しき信者が聖書を、無垢の心に眼を澄ました子供が新美南吉を、読むそのように読む熱情は、どうなってしまったのだろうか。自らの全人格を捧げて古典という全人格と遭遇するそこにこそ教養の真実はあった筈なのに現今の機械文明の供する断片的な便利への纏わりつきに、最早人々は人格という重い或るものの手応えを解消してしまっているのではないかと危惧されるのだ。従って、私は「古典を読む」という全うで真実な道を出来るだけ多くの方々が歩まれるよう老若男女全ての方々に訴えたいのである。故にこの書は何かプラトーンの哲学の研究的なレヴェルに責任を負うものではなく、否、それを「よく読むこと」の勧めである。

私は本全集をもって私がプラトーンをどう読んで来たのかその一切を公開し、読者の皆さん方と「プラトーンをよく読む」という真実の教養の道を再興したいと願うのである。

序

凡例

一、この『プラトーン全集』は通例通りＪ・バーネットによるプラトン全集（J.Burnet, Platonis Opera, 5 vols, Oxford Classical Texts）をその底本とし、これと異なる読み方を訳者がした箇所については註などによって示した。

二、翻訳文の上欄に付けた数字及びそれに続くＢＣＤＥ等のアルファベットは（Ａは数字の位置）彼のステファーノス版プラトン全集（H.Stephanus, Platonis Opera quae extant omnia,1578）の頁数と各頁におけるＢＣＤＥによる段落づけとの一応の対応を示したものである。

三、各々の対話篇の章分けは一八世紀以降Ｊ・Ｆ・フッシャーの校本に拠ることが慣習となり、本全集もその慣行に拠った。

四、添えられた副題は伝統に従った。

五、ギリシア語の無声音と有声音との表記上の区別はせず、一般にソクラテス・プラトンと表記される人名を、本全集はギリシア語の長短そのままにソークラテース・プラトーンとした。

六、全分冊に「序」を、各巻の最初の分冊に「前書き」を、最後の分冊に「後書き」を付けた。

七、本全集刊行の趣旨は、プラトーン研究の学問的な水準に対して責任を負うことに置かれてはいない。それはむしろ〝一人の読者としてプラトーンをただ読むこと〟をお求めの方々に対し一人のプラトーン読者としての読み方を提供することで貢献しようとするものである。従って研究書・参考書の類は一切あげられてはいない。岩波の『プラトン』全集を参照されたい。

第六巻　前書き

一

これまでにプラトーンの著作を五巻に編んで出版して参りましたが各巻の題名の下これこれを編むということに関しそれでも一応よいかという安心を持つことは、編む私にもまあまあ出来ていました。だがこの第六巻に関しては、そうして編む編み方にやや落着かないものを感じざるを得ないでいることを申上げざるを得ません。『善・快楽・魂』というように巻の題名を一応考えて落ち着かせようとしたわけですが、打ち明けて申して最初の分冊の三篇『第一アルキビアデース』篇・『第二アルキビアデース』篇そしてまた『ヒッパルコス』篇と第二分冊・第三分冊のそれぞれ『プロータゴラース』篇・『ピレーボス』篇との間には、何かそれらを一括りにすることを許さぬようなものがあるからです。ですから私はその何かちぐはぐとした感じをこうすれば抑えることが出来るかなという一つの工夫として右の『善・快楽・魂』という巻の題名を考えたのだという次第であるのです。

　その工夫とは何か。それは「・」と「、」（中黒点と読点）との違いを利用しようと考えたことです。皆さんも御承知かと思いますが区別のあるものを列挙するその場合に、一方、その区別をむしろ〝切断〟の方を意識する時には「、」を用い、他方、その区別があってもむしろ〝連続〟の方を意識する時には「・」を用いるという文書作法がありますが、その作法に従ったということです。つまり「・」は一方で区別はそれとして心得、他方でその区別にも拘らずつなげることをするそのことを使おうと考えたということです。と言いますのも『善・快楽・魂』というような巻の題名がほぼ文句も無く該当すると承知して戴けるのは第二分冊の『プロータゴラース』篇と第三分冊の『ピレーボス』篇だけであって、後の三篇、すなわち『第一アルキビアデース』篇・『第二アルキビアデース』篇・『ヒッパルコス』篇はその巻名にはスムーズには該当しないだろう嫌いがあるからです。何故なら、『第一アルキビアデース』篇は成程それに添えられるのが伝統ともなっている「人間の本性について」という副題を考えると『善・快楽・魂』という巻名にまで届くかなという感じがないでもありませんが、内容に即して考えるなら、一方で「善」と「魂」とに関してはしっかりと議論が行われますが事「快楽」に関しては主題的にそれを論ずる下りは見ることがないのですから。『第二アルキビアデース』篇に到ってはその伝統的副題は「祈願について」というものであり、やはり巻名にしっくりと添うところがあるとは言い難いように思われます、よしんば「祈願について」というその副題が「魂」というもののあり方を見つめるところを示していることでその『善・快楽・魂』という巻名にやや届くかと思われるとは言え。『ヒッパルコス』篇にしてもその「利得愛好者」という副題が何やら巻名に絡むかなとは思わせてくれるところがありもしましょうが『プロータゴラース』篇や『ピレーボス』篇のように端的に『善・快楽・魂』というそれらを主題化して問いかつ思索するということを遣っているとは、とても言い難いことでしょう。

二

そうした分けで、あっさり申し上げることにすれば、私は取り分けて『ピレーボス』篇というものがまさに『善・快楽・魂』という一連の主題を主題としながらプラトーンがその後期に力を尽したその記念すべき秀作であり、言って見れば、遠く遙かに聳え立つ霊峰のようにも思われるその個人的な印象からどうしても『ピレーボス』篇を中心にして一巻を編もうというその気持ちになってしまったのです。そしてそこにはまた『プロータゴラース』篇という『ピレーボス』篇ほどでは例えなくともやはり前期の一秀作であることは否定し難い著作もあり、よしまたそれは前期的な相貌においての思索ではあれ前期は前期なりの「善と快楽」とをめぐった思索ですから、それら二つを合わせれば立派に一つの巻を『善・快楽・魂』という題名の下に立てることも可能かと考えたのでした。勿論、これはすべての巻を編む場合において迫られる抽象するということの難しさということでもありますが、例えば彼の一大主著である『国家』篇が『善・快楽・魂』という主題に絡まないのかなどと言われたら私には何一つ返す言葉もありません。それは徹底的に背後に絡んであるのです。しかしながら、著作集を編むということは、よしんばプラトーンの思索が縦横に通底し合ってこそ存在するものであって単なる断片として処理すればそれでよいというものではないということは断固として真実ではあっても、それでも抽象をするということは原理的に避けることは出来ないものなのです。そしてまた抽象することは決して単に何かを失うことでもないのです。何故なら、その抽象するということは、言ってみれば、交響楽団の編成をするというようなことであって、指揮者はそこに一大交響曲を響かせればよいのです。

三

そういうことでこの第六巻は有体に言って『ピレーボス』篇をその柱として中心に置いた上でそこに『プロータゴラス』篇を寄り添わせ、後の三篇はその『善・快楽・魂』というその主題に対して絡まう限りで見て読んで行こうという方針なのです。言いましたように、例えば第一分冊の一つ『第一アルキビアデース』篇はよし「善」と「魂」とについて論ずるところがあれ「快楽」に関しては主題的な考察はないと言っても過言ではないのですが、逆にまた何故にその思索全体が「善」と「魂」だけで行われることになり「快楽」という言葉には触れるところがないのかという風に考えてみれば、或る意味では「快楽」の影を考えることにもなるようにと思うのです。それはまた『第二アルキビアデース』篇『ヒッパルコス』篇についても同じように考えることが出来ることで、ただ用心しなくてはならぬのは所謂〝牽強付会〟をしないようにするということでしょうか。

そういうわけで、床柱とそれら寄り添うもの、そしてそれらに絡むものなどというように或る仕方では同じプラトーンの著作であるにも拘らず何がしかの序列をつけるような意識もないわけではありませんが、しかし哲学の思索が一大交響曲でもあることは揺るがぬことだとは思います。

（平成二十四年四月四日、午前七時二十分、擱筆）

目次

ヘルメス（部分）

出典：小学館『世界美術大全集 第４巻』

第一アルキビアデース

――人間の本性について――

『第一アルキビアデース』篇をこう読む

例によって先ず内容目次を与えるところから始めましょう。

一

第一部　ソークラテースのアルキビアデースへの接近の謎、アルキビアデースの大望の問題

第一章（103a1-104c6）ソークラテース、アルキビアデースに対して他人とは違うその恋の仕方の奇妙な思いのその如何を問う。

第二章（104c7-106a1）アルキビアデースの問いに答えてソークラテース、今こそ彼と交わろうとする意味を答える。

第三章（106a2-106e10）問答によりアルキビアデースの意志の成就にはソークラテースが不可欠であるという理由を明かす試みへ、アルキビアデースの知っていること

第四章（107a1-108a11）アルキビアデースの国会審議における発言の資格とは？　国家の事柄

第五章（108a12-109c12）「よりよい」ということ、戦争に関する「よりよさ」すなわち「正しさ」

第六章（109d1-110d4）「正義」の知識の獲得のされ方の問い

第七章（110d5-111d5）「世間の人々」が教師であることについて

第八章（111d6-112d10）「世間の人々」は正義の教師ではあり得ないこと

第二二章（126e5-127d5）「親愛」と「考えの一致」をめぐるアポリアー
第二三章（127d6-128d10）「自己自身に気をつけること」とは？
第二四章（128d11-129e2）「自己自身に気をつけること」を何によってなすか？
第二五章（129e3-130e7）人間は魂であり、人間の言葉でもってする交わりとは魂に対するに魂でもってするそれである。
第二六章（13078-131d8）自己自身・魂・愛
第二七章（131e1-132d4）アルキビアデースへの心配、国事に携わる前提を学ぶべきこと、「自己認識」こそは鍵
第二八章（132d5-133c20）眼が眼自身を見ること、魂が魂自身を知ること
第二九章（133c21-134b3）自己自身を知り思慮が健全であることこそが人間の幸福の条件であること
第三〇章（134b4-135b2）徳による国家経営ということ
第三一章（135b3-135e8）国家の支配とは自由人の徳であること、アルキビアデースがその現状を去るべきこと

二

この『第一アルキビアデース』篇は岩波の『プラトン全集』ではその6ということで田中美知

太郎先生が担当をされていますが、その解説に付けられた註の(2)(二一八頁)でそれを偽書だとする学者たち、真作だとする学者たちその他の学者たちがいることを、私どもは教えられます。そして田中先生御自身も最終的にも偽作説に対して与しておられるかどうかは分かりませんが、しかし『饗宴』篇でアルキビアデースその人がソークラテース的な真実の生き方への心からする哀惜の念と自分自身の中にある大衆の中で名誉を上げたいという傾向との板挟みに心のその奥底で動揺しているその姿が真摯に描かれているのに比べたら、

これに対してこの『アルキビアデス』は、アルキビアデス問題への答えとしては、なおも弱く不満足なものであると言わなければならないだろう。ここからして現代の学者がこの作品を疑わしいもの、偽作ではないかと考えるわけも、首肯されないではない。(二一七頁)

とされて、全面的に真作だとすることは留保なさっているのかなと思わせるようなことを書いておられます。まあ多分は結論的には真作説をお採りになっておられることだろうとは思いますが、プラトーンの全力の発揮をそこに見るのはやや難しいのではないかという感想をお持ちの様子は窺えると言ってもよいでしょう。それ故、私もまた真作説なのか偽作説なのかということで答えを出すことを或いは求められましょうが、私としてはあっさりここで旗幟を鮮明にしておきたいと思います。私は真作説を採るということです。そしてそれには二つばかりの理由があります。その一つは右に引いた田中先生の御理解の中に〝アルキビアデス問題への答えとして、なお弱く不満足なものである〟というようなことが言われていますが、私はそうしたことは〝偽作説〟を

こそ採用すべき本質的な理由にはならないのではないかと思うということです。「アルキビアデス問題」を『饗宴』篇は全力で答えようとした。それ故にそれは音楽で言うならフォルテッシモでキーを叩くこととして結果した。とは言え、その取り組みはすべからくフォルテッシモでキーを叩くようなそれでこそ常にあるべきなのか。私はそうはならないのではないかと思うからです。そういう理解は、極論すれば、すべてプラトーンの「アルキビアデス問題」を取り扱った著作はすべからく『饗宴』篇に尽きそして『饗宴』篇のようなものでなければならないという理解へとつながるのであり「アルキビアデス問題」の多面的な取り扱いは原理的にあってはならないのだというようなものとなってしまうことでしょう。だが私は断然、アルキビアデス問題も原理的に多面的な取り扱いに置かれてよいものだと考えます。すなわち、本篇はまさに本篇としてのその・・・取り組み方における「アルキビアデス問題」への取り組みなのだということを、そのままに受け入れるべきではないかということです。

次いで真作説を思う理由はまさに本篇冒頭に見られる「ダイモーンの合図」エピソードのことがそれとなります。先に私の著作集の第二巻『徳を問う』の第一分冊で『テアゲース』篇に取り組んだ時もそうでしたが、私はソークラテースその人をまさしくソークラテースその人だとして同定するために最も本質的に注視すべきものとして「ダイモーンの合図」エピソードというものがあるのであり、それは自他の・・・行為が或る「たゆたい」に置かれた時に幸福をこそ求めるべき人のその行為がダイモーンから干渉をされることであり、ソークラテースはテアゲースのたゆたう

「今」をまさに自らの「今」ともしているのだ。それ故、ダイモーンの合図が他人のこととして語られるから偽作であるとするのは間違いだとして真作説を大方の理解にも拘らずそれに対抗をして採ったのでしたが、『テアゲース』篇でのテアゲース対ソークラテースの構造はまさに本篇のアルキビアデース対ソークラテースの構造のそのままだと思われ、そういう自他のたゆたう「今」を自らの「今」だとするソークラテースをプラトーン以外の人が描くことは、原理的によしんばあり得ぬことではないにしても、常識的にはむしろあり得ないのだと考えるべきだと思うのです。すなわち、そのような私の「ダイモーンの合図」理解からすれば、まさしく本篇の冒頭を決めている「ダイモーンの合図」エピソードとはそれが語られることと同時に本篇が真作であることをも決めているのだということにもなるのだと、私は考えるのだということです。繰り返して念を押せば、「ダイモーンの合図」エピソードをソークラテース一身のこととして語ることは、恐らくプラトーン以外の者が試みるには、もし彼がプラトーンのソークラテースに対しての愛慕の思いを承知していればきっと深く躊躇われることだったろうと思うことは、非常に常識的なことではないかと思われるということです。偽作説を採る人は、一体その点をどう考えるのでしょうか。私はそんなにまで〝人を騙る〟ほどには、人は通常厚かましくはなかろうと思います。

三

〔・・・さればともかくもこの僕は、諸君、もしも僕がすっかり酩酊していると思われはしない

だろうというのだったなら誓いを立てた上で語ったことだったろう。一体どうしたことどもを僕は僕自らが蒙ったか、この方の言論によって、そして蒙っているか、なおこの今にもということを。何故なら、僕が聞く時に、僕は大いに一層コリュバンテスの儀式を祝う人々よりも胸が高鳴り涙が流れるからだ、この人の言論によってね。しこうして、僕は見る、他の大勢の者たちもまた同じ目に遭っているのを。然るにペリクレースからして、またその他の優れた弁論家たちから聞いている際は、成程よく論じていると一方では考える、けれども、他方、そのような目には何一つ遭うことなどはなかったし、僕の魂が掻き乱されることも苛々しもしなかった、奴隷状態になっている時のように。否、このマルシュアースの下で実にしばしばこんな心の有様となって僕には思われたのだ、人生は生きられぬ、僕の今あるその有様ではと。そしてこれらのことどもを、ソークラテース、あなたは言われないでしょうね、真実にはあらずと。そしてとまれこの今にも僕は僕自身とともに知っているのだ、もし僕が耳を差し出す気になれば僕は耐え切れないで、否、きっと同じ目に遭うことだろうと。何故なら、彼は僕に同意を強いるからだ、多大を欠いて僕自身が未だありながら、一方、僕自身はこれを等閑にし、他方、アテーナイ人のことどもを事にしていると。されば、無理矢理に、さながらセイレーンたちからとでもいった如くに僕は両の耳を塞ぎながら逃げ去って行くのだ、そここの人の傍に座ったままで年を取るなんてことにならぬようにとね。しこうして、僕は経験をした、人々の中でこの人だけに対しては。それは人がこの僕の中にはよもやあるまいと思うことであるが、誰にもせよ恥じるということを。この僕はこの人だけには恥じるのだ。何故なら、

僕は我と我が身とともに知っているからだ。一方、抗弁する力はない、この人の命ずることなどする必要などありはしないなどとは。だが、他方、一旦離れるや、僕は大衆からの名誉によって打ち負かされるのだと。されば、僕は彼を走り去り逃げて行くのであり、そしてその姿を見るや同意して認めていたことどもを恥じるのだ・・・。」（二一五D6～二一六B6）

さて、本篇の冒頭がまさに「ダイモーンの合図」エピソードとともに始まっているところからして考えるなら、当然本篇おけるアルキビアデースの「今」とはどんな今であるのかということが先ず確かめられてもよいでしょう。そしてその確かめ方は、また自然、揺るぎなく真作でありかつまた強くそして深く「アルキビアデス問題」を取り組んでいるのだと田中先生などにされるその『饗宴』篇のアルキビアデースを反照することともなりましょうか。それ故私は右の引用文をこの節の題として右に掲げて見ました。思うに、『饗宴』篇でのアルキビアデースは悲劇詩人のアガトーンの優勝祝いの宴席にその花の輝きにある頭にリボンを結んで遣ろうと夜遅く鯨飲してしかも芸妓まで引き連れながら闖入してきて、その場がエロースの神の讃美で過す場であることを知り、しかもソークラテースがその場にいたことの驚きにも迫られて一捻り、エロース讃美の代わりにソークラテース讃美にかかるという、その血の騒ぎを持つ大人だと言えましょう。またそのソークラテース讃美というものもすでにポテイダイアの戦いを自らは馬上の人として、他方、ソークラテースは歩兵としてともに闘った思い出を始め、ソークラテースによって恋されてかつ自らもその慈愛に報いる恋心を燃やした数々の思い出を振り返る「恋の過去」を噛み締めながら語って行くものでした。そうです、彼は最早単なる美少年ではなくてその階級に相応しく軍役を努める立派な青年あるいは大の大人として、アテーナイ大衆から受ける名誉に自負の満足と快楽とを一方では覚える人生を我が事としながらも、他方でソークラテースの言論によってその胸を痛烈に噛まれる心をも自らのものと知る人生をも忘れないであったのでした。そういうあり方のアルキビアデースをこの『饗宴』篇において私どもが見るのだとすれば、本篇に見る彼は全くのそのキャリアーの駆け出しにこそあることが、恐らくは妥当に想像出来るのではないでしょうか。右の引用文に拠る限り『饗宴』篇におけるアルキビアデースはよしんばソークラテースの言論によって胸を引き裂かれる思いを強いられるとは言ってもそれでも〝この人の傍に座ったまま年を取らぬように〟という内心の呟きだけは自らのためには呟くのであり、その意味では大人としてそのキャリアーを歩み続けるぞという覚悟の下にだけはとにかくあって、彼は最早自らの幸福を図るべき行為の前に〝たゆたう〟ようなあり方はしていないことでしょう。その彼に比較をするなら断然として本篇における彼はまさしくその行為の「たゆたい」においてあることを私どもは見なくてはならと言わねばなりますまい。そして、しかしその行為の「たゆたい」とは、例えば

だが、そのことにはそれを他ならぬあなた方がこの私が到るところで語っているところからお聞きになられたことが、原因であるのです。私には何か神的でダイモーン的なものが生じて来るのだとですね。実にこれを訴状において茶化しつつメレートスは書き立てたのでした。この私には、だがそれはあるものなのです、子供の頃から始まり一種の声として生じて来ながらに、

このことは。そしてそれは、それが生ずる場合には常に私に対して逸らすのです、何をであれ、私がまさに遣って行こうとしているそのものを。だが、決して推し進めることはしないのです。（『ソークラテースの弁明三一C7～D4』）

と言われる時のその「何をであれ遣って行こうとしている」という、英語で言えば be about to といった表現になる〝行為に直面してはいるもののそれ以前のあり方においてこそある〟その時のあり方のことを、私は言うのです。本篇においてアルキビアデースも何を自らの生涯のこととして行為すべきかを決める行為の中でたゆたい、他方、ソークラテースもそのアルキビアデースとどういうタイミングにおいて真実に交わるべきかという時の選択においてたゆたっていたことが、ソークラテースの実にそのたゆたいの自己意識とともに本篇冒頭おいて語られていることが、私ども読者にはイヤが上にも印象的なのではないでしょうか。

四

「ダイモーンの合図」ということが絡んだその仕方でソークラテースが語り始めているというそのことだけに限って言えば、その印象は本篇の読者のどなたにとっても如何にも印象的なことでしょうか。その点で言えば、以上は何だか余計なことにかまけ過ぎたかも知れません。しかし、私としては一つには本篇を偽作とする見方は否定されるべきではないかと考え、そして二つにはその否定すべき理由の本質的なものとしてソークラテースの「ダイモーンの合図」エピソードがあることは是非読者の方々に承知して戴きたいことだと考え、従って、問題のアルキビアデースという人がどんな「たゆたう今」にあるかということは基本的に確認されてもよいと考えたものですから、繁を厭わず些か書いたのでした。それ故、今は早速テクストを追って行きましょう。

然り、本篇冒頭の情景とは「ダイモーンの合図」の禁止が止んだこの今はアルキビアデースと交わることを神もまた許し給うたのだと解釈したソークラテースの、心の急ぎのそれでこそありましょう。そしてその心の急ぎとはどういうものとなるか。それは彼の『テアイテートス』篇がいみじくも語ったソークラテースの「産婆術」ということになります。ソークラテースはそこで語ったのでした。自らは最早智慧を生むその身持ちにはない。私はただ若い魂と言葉を交わしてその魂の智慧の出産の看取りをするのだと。それはちょうど最早赤子を産むことの出来ぬ身持ちになった女が赤子を産むことをする女の出産を看取るそのようなもの。但し、女性が産み落とす赤子についてその真偽を問うことはないが、若い男の魂の出産に関してはその産み落とす智慧の真偽を吟味することは私の産婆術に独特のことなのだと、このようなことを語っていたのでした（一四八E〜一五一D）。アルキビアデースは今やその天下国家に討って出て名声を得ようという大望をその魂に抱き始めました。ソークラテースはその大望が智慧としてでは一体如何なるものとして出産されようとしているのか。それは真実の智慧なのか。どのように育つのか。こうした深い関心をまさに「産婆術」を我が一身のこととする故に、アルキビアデースという魂についてどうしても持たざるを得ないでいます。冒頭に「内容目次」を与えて第一部は「ソークラテースのアルキビアデースへの接近の不審とアルキビアデースの大望の問題」という風に私は示したのでしたが、全くもってその通り、以下ではその「大望の問題」こそが二人の間で対話されて行くことになるわけです。

幸いなことに、しかしその対話（第四章～第九章）はまことにもって簡明なものとなっていると言ってもよいものでしょうか。以下のように――

イ、第四章ではそれまでにアルキビアデースが何を学んだかを互いに確かめ合っていたことを踏まえ、ではアルキビアデースは国会へ登場するのだと言うがしかしどんな事柄に関して発言をする積りなのかということが、先ず問われる。アルキビアデースはアテーナイ市民たちが〝彼ら自身の事柄〟を審議する場合だと答える。しかしそれは具体的には何か。それはアテーナイ国家が国策として平和か戦争かの策を問う問題である。だがそれならそこではその策の「よさ」こそが問題であろう。その場合の「よさ」とは何か。こう問答される。

ロ、第五章では「戦争か平和か」という問題にとりその要諦となるその「よさ」とは「正しさ」であることが二人にとって同意される。国家も個人も、すべからく相手の「不正」をこそ口実にしながら戦争に突入するのであり、正しく加害する相手に戦争を仕掛けることは美しいことではなく、戦争をしかける限りは相手の正義を公然として認めるわけには行かない。こう議論される。

ハ、第六章では先ずソークラテースが一寸した皮肉めいたことを言って〝アルキビアデース〟は国会に登場して戦争か平和かの国策に関して発議をするというが、とするならば、それは彼が

「正しさ」の知識を持ってはいないとは気が付かず（自覚せず）最早知っていると自惚れたか、それとも実は学んでいたことにソークラテースである自分が気が付かなかったかであろうなどというところから始まって、次いではおよそ「正義」の知識はどのように獲得をされるものなのかを問い、それは学習に拠ってか探求に拠ってかだとすると、後者に拠るためには知識を持たぬのだとする自覚が先立たなくてはならない。しかしその自覚は幼少時代にまで遡っても遂に見出すことが出来ない。また一旦は学習に拠ってという線も見られなかった。さてそうだとどうなるか。窮余の一策として「世間からこそ学んだのだ」という、その学習の可能性が持ち出される。

ニ、第七章はその「世間の人々」こそが正義を教えるのだということについて議論がなされる。そして世間の人々がものを教えることの出来るその可能性の例として「ギリシア語を教える」ということをアルキビアデースは持ち出しますが、成程それはそうだ。何しろ教えてくれるというその世間の人々もその教える知識に関して何一つの相互の齟齬をも示さないのだから。とは言え、世間の人々が「正義を教えてくれる」とは言ってもギリシア語を教える場合のように「正義」に関して彼らはすべからく一致してあるだろうか。それは否ではないか。こう議論が進められる。

ホ、第八章は要するに「世間」或いは「人々」の間の「正しさ」の認識をめぐる不断の齟齬を確認することをするものとなっています。事専門的な知識が求められるところは先ずもって言うに及ばずだが、「正しい人間」や「正しい事柄」となるとこれはもう最小の一致・最大の不一致ということにこそなるのだ。その古今に渡る証拠が絶えざる戦争ではないか。とこうすれば、世間の人々を「正しさ」の教師にすることなど、どうして許されようか。結論、「アルキビアデースは正しさをめぐって国会で発議し献策しようとしているが、そもそもその知識はあやふやであればこれはどうしたものなのか」という、この怪しみは避けられない。

へ、第九章は言うならば一つのコメントといったものであり、ソークラテースはそういう結論をもたらしたのは問うことをし続けた自分ソークラテースではなく、自分の問いに答えを続けたアルキビアデースこそではないかということを、簡単な遣り取りの中でソークラテースが答え手だったアルキビアデースに承知させるものとなっていましょう。そしてその問答も私どもにとり異論なく受け入れられるものかと思います。

五

そこで私どもの祖述も第二部へと、冒頭の「内容目次」で私が「アルキビアデースがよく行為すべきその自己教育という問題」という風に示した範囲へと進みますが、この第六巻のテーマである『善・快楽・魂』というそれにどういう風に絡んであることでしょうか。私どもは注意深くその点を見て行かなくてはならないようです。

これまでの議論の結論はアルキビアデースの「正しさ」の知識はあやふやなものではないのかとするものでしたが、この結論に対してアルキビアデースはそれでも国事に討って出ようとする自分の立つ瀬のためにこう言います。曰く、アテーナイ人であれ他のギリシア人でもあれ誰一人

「正義」の何たるかを問う者などはおらず、彼らが問題にするのはただ一重に「利益」のみではありませんかと。「正義」と「利益」とは同じではなく、「不正が利益、正義こそ不利益」ということがあるのですとも。ソークラテースはこのねばっこい抵抗に対してそういう知識をどのように得たかという議論をもう一度繰り返すことはせずアルキビアデースの言い分をそれとして受け取ることにし、総じて広く「正・不正、美醜、善悪」というものの間の本質的なつながりとはどのようにあるものなのかというところで考えることへと導き、そこから「正しい行為＝美しい行為＝善き行為」ということの繋がりを思うことは人間存在にとって必然なのではないかという結論をアルキビアデースに突きつけることを致します。そしてまたこの結論に対するアルキビアデースの動揺はこうした問題への知識の欠如なのではないかとも気付かせることを致します。それ故にも議論はまた「よく行為すること」こそが問題なのであったからにはその成否、すなわち「よき行為」の成功と失敗とを見つめるということに向って行きます。そしてその考察は「よき行為」の失敗や如何にと言うところから着手されて、それは一重に「無知の無知」というその点にこそかかることが同意されることになります。

　ではアルキビアデースの行為問題は何処にあったかと振り返ればそれは国事への関与すなわち政治的な知識が求められるその行為こそでありました。しかしながら、彼のペリクレースと言えどもその政治的な知識を我が子にさえも授けることは出来なかった。こうなると残るところ最早アルキビアデースにはその自己教育ということしかないのではないか。

しかし、ここでもアルキビアデースは自らの立つ瀬を、現状に彼が見る政治に手を出している者どもの無教育において自らのそれも許容されて然るべきではないかという、そのところに求めます。彼はその素質における彼らへの凌駕を当てにしているわけです・・・。さて、今ここで、アルキビアデースは都合二度ソークラテースとの理性的な対話から要求されるその要求を安易に躱わすということにもなりましたので、その点について少しく考えておきましょう。何故なら、その点を考えることは『アルキビアデース』篇がプラトーンの哲学の本筋とどのような一線上にあるかということを考えることであり、つまり真作・偽作の如何の考慮にも資するとも思われるからです。〝要求を躱わした〟といいましたが、それらをはっきり言うと、一つは国事を議するに「正しさ」などの考慮など二の次であり要は国策が利益に適うかどうかではないかとしたこと、そして今し方の「善き行為」のためには無知に無知であってはならぬとするのに周囲の誰しもが無教育であるその時に自分だけが本当の教育を求められては敵わないとしたことです。思うに、「無知の知」とは自らの法廷での弁明においてアテーナイの市民たちを前にしデルポイの神託を受けたソークラテースがその最後に自らの智慧として語ったことでした。今のソークラテースはただ一人のアルキビアデースを前にしては確かにデルポイの神託にまで遡ってそこでその智慧の由来を語るというようなことはしてはいませんが、「無知の知」とはプラトーンの著作においてはその到るところへ浸透して散見されるものであり、さすればよしここは「無知の無知」といったことになっているとは言え、『弁明』篇との同じ光りが輝いてこそあるのだとすることはごくごく当然のことのようにも思われましょう。そして、他方、無教育であっても国事を諮ることがどうして出来ないことがあろうということについては、「ダイモーンの合図」によってその自らの幸福のための行為に関しては絶えず干渉を受けたソークラテースのあり方との、まさしくその対照ということが見られるのではないでしょうか。そしてここには問題の「快楽」ということも潜んであるようにも思われます。それはこういうことです。私どもが人生を生きるその生き方は一方では思慮深くも選ばれてそこで行為をされるまさに行為の名に相応しいそれがあるでしょう。だがそれは人生の岐路にあるとか危機にあるとか何か劇的な状況にある時のことである。故にかかる場合を除けば人生の殆どの場合、その生はなりゆきによってこそ恙無く生きられてありましょう。例えば、朝起きたら顔を洗うとか音楽会が終わったら会場から出るとか、まあそうするのがそのなりゆきというものです。そしてその成り行きとは、通常、何一つ咎められるべき筋合いのものではありません。しかしながら、もしもソークラテースが「ダイモーンの合図」によって干渉をされてそこから「智慧に親しむ」という哲学的な生をこそ生きて行ったその行為と比べるその時に人々の無教育のままにも国事を諮る行為がただ成り行きとしてだけで許されてあるのだとしたならば、一体、そこはどういうことなのでしょうか。そしてその「なりゆき」の許容ということがそれには何の咎められることもなく苦痛もない、すなわち、そこにあるのはただ快楽だけだということにもなれば。アルキビアデースが自らの国事への赴きをそれでよしとすることとは何か。それはおよそ、人はすべからくなりゆきで政治を議しても結構ではないかというその快楽をこそ生きることを物語っているのだと語っても、恐らくは過言ではないと思います。故に、ここにはソークラテースの思慮をする努力とその苦悩との中で生きることを選ぶ生とアルキビアデースのただただ許容され誰一人も咎めることのない生をそのままによしとして行くなりゆきの生との、その対照があるのだと言えましょう。難しいのはなりゆきでこそ手を染めるだろうその政治活動と言えども反面それは人間存在の生の一つの現実的必然であり実際なのだというそのこととどもにあることとのその理解でしょうか。そこが確かだから政治に手を染めるなりゆきも許容されるのでしょうが（すなわち、音楽会が終れば会場を立ち去るのはほぼ必然のなりゆきであるようにということですが）、しかしそれでも私どもはそのなりゆきは決してそのなりゆきを生きる者の権利を許容し承認しているのではなくて、否、むしろ義務ということをこそそうしているのだということを私どもはここでは承知せねばならぬのではないでしょうか。もしそう考えられるならば、そのなりゆきを生きる生が「ダイモーンの合図」からの干渉を原理的に排除してしまっていると見なすことは、それこそ原理的には許されないことだと思われます。

六

〔否、至福の君よ、この私とそしてまたデルポイの碑銘に従って「汝自身を知れ」だ。この人々こそは我々にとって取り組み相手であり、否、君が思っている人々ではないのだということでね。この人々に対しては、一方、他の何一つでもってしても我々は立ち勝ることはよもやあるまいよ、

もしもとにかく練習と技術でもってでないとしたならば」（一二四A7～B3）

そこからして対話はアルキビアデースが無教育でも素質は他を凌駕しているのだということを恃みにして政治に手を染めるなりゆきの許容を求めるところをそれが恃みの行為であり生ならばとして、「ダイモーンの合図」の干渉ならぬソークラテースその人の干渉を語ることになります。アルキビアデースもまた〝何であれまさに行為しようとしていた事柄〟に反対をされそのままに押し進めることをされないわけです。そういうことで、以下、一六～一八章までなされる対話はアルキビアデースの大望が果たされた時に立つあり方はどのような競いの中にあるものなのかということが、スパルタ王やペルシア大王のあり方を知ることの強制とともに語られるということになって行きます。こうして第二部の対話は終り第三部へと入って行きます。

第三部は第二部の最後でソークラテースがアルキビアデースはその素質を恃みにするというが、しかしそれよりもと言って勧告した右に引いた内容の言葉から始められます。すなわち、対話をする二人の前にはアルキビアデースがその大望のためには自らを知り出来るだけ優れた者になるのでなくてはならぬという問題が置かれているのだということです。さて、そこから一気呵成にこう一つの線が引かれます。すなわち、「優れた」とはどんな徳に関してか——それに関して善き人が善き人だとされるその徳である——それは事を行うにおいての善さである——その事とは美にして善である人々の行うことだ——彼らは思慮のある人々である——思慮のある人々はその思慮あることで善き人々であるが、その思慮とは言っても技術職人らの専門職的知識の形で言う限りは彼らは一には善き人だが他には善き人ではなく、端的に善き人だとは語られ得ない。故に端的に善き人とは国家において支配する能力のある人としてこそ語られるべきである。――その支配とは如何なる支配であるか。それはポリスにおいて相寄り互いに交渉し合っている人々の、その支配である。――すなわち、それは国家社会のうちにある人間の支配である。――その支配の技術とは何か。善きはかりごとの提出であり、国の政治を善くなして国家の安全を保つものである。――そのことが果たされている時に実現するものは何か。それは親愛の誕生であり、考えの一致である。――知識の語ることには我々は互いに同意せざるを得ずそこでは必然的に考えの一致も成立するけれど、国家社会において生きる人々の間の考えの一致とはただ類比的に家族愛によるそれだとしか言えない。

以上、こうした一連の議論が進められるわけですが、最後に議論をされた親愛と考えの一致という問題に関してそのアポリアーが次いで指摘をされることになります（第一二章）。すなわち、家族愛による親愛や考えの一致とは言うが、もしそれを知識によっての必然的な同意という形で考えるとすれば夫の知識は妻のそれではなく逆に妻の知識は夫のそれでなければ、彼らの間にはそれらは成立し得ないだろう。では国家社会において各人が自分自身のことだけを為していては美味く行かないのであるか。美味く行くのではないか。何故なら、そのようにして我々は正しく国家社会において行為しているだろうから。ここでの「自己自身のことを行為する」ことを親愛につながるものだとする考えは先に『カルミデース』篇では「それは思慮の健全である」として考えられましたし、これから後私どもが『国家』篇に取り組めばやはり「それこそは正義である」として『国家』篇を貫いて深く考え続けられるものとなって行きます。しかしながら、ここでは一方、「正しいことをしている」という点で相互の親愛をもたらすものだとも見られ、他方、またそれに通じた者と通じない者とでは同じことを共有することは出来ないのだというその意味では親しみ合うことが出来ないのだとされて、「親愛」は端的に取り出されてはいないのではないかというアポリアーを指摘することが議論の結末とされて行きます。今し方に見られた一連の思考の線も折角引かれたのにこういうアポリアーの指摘によって捨て去られるのは何だか勿体ないとも考えられますが、一体、こういう議論にするプラトーンの意図は何だったのでしょうか。

〔**さあここだ、ここが肝要だ。何事かね、自らに気をつけるということとは——しばしば我々はすっかり忘却してはいないのかな、我々自身に気をつけずにありながらにも、だが気をつけているのだと思い込んでいてだ——そして何時、して見ると、そのことをしているのであるか、人間は。はたして自らに属することどもに気をつけている場合には、その時は自己自身にもそうしているのであるか**〕（一二七E9～一二八A3）

どうやらその思索は音楽で言えば「ロンド形式」と言われるようなそういうものなのだということでしょうか。何故なら、そもそも第三部は「汝自身を知れ」というデルポイの碑銘によって押し出されて進むことになっていたわけですが、同じそのテーマへの再帰からアポリアー以後の対話は再開されるのですから。とにかくそうしてこそ右に引用して題した内容のことも語られるに到るわけです。すなわち、先の「汝自身を知れ」という言葉は今「自己自身に気をつける」という言葉に変えて引き継がれることになるということです。そしてその「自己自身への気づき」というのも、それはソークラテースとの対話に自らを捧げることであるとも同意し合われます。
そうして開始される問答もだが些か綿密なそれともなるようですので、私どもとしても負けずについて行くことに致しましょう。

自己自身に気をつけるという問題に関して先ずは最初にソークラテースがアルキビアデースに対して問う問いは右の引用文の最後に問われた「自らに属するものどもへ気を付けることが、即そのまま自己自身に気をつけることであるかどうか」というその問いとなります。そしてかかる問いを総じて答えるためのその土俵が〝足と靴、指と指輪、身体と上着や布団〟という対を考えて、靴・指輪・上着や布団という付属物と付属をさせている身体全体やその部分とを気をつける技術が体育術対靴・指輪・上着や布団の制作術という区別としてあることを見ます。すなわち、身体本体を全うに気をつける技術とそれに付属するものどもを塩梅する技術とは、総じて別ものなのだということとです。とは言え、ソークラテースたちによるここでの議論の総括は——

ソークラテース　して見ると、別の技術によって各々自身を我々は世話し、他方、別の技術でもってそれに付属するものどもを世話するのだ。

アルキビアデース　明らかに。

ソークラテース　して見ると、君自身に付属するものどもを君が世話をしているその場合には、

君自身を世話しているわけではないのだ。

アルキビアデース　**決してそうではありません。**（一二八D3〜7）

ということになっていて、直接に議論されていたのは「身体の各々自身とそれぞれへの付属物」であったところが、その「身体の各々自身」が端的に「君自身」というような言い方へと飛躍をしてしまっていることに対しては、私どもは注意する必要があるでしょうか。すなわち、ここでは「身体の世話」でさえも人が自らを世話することなのだとの了解があるのだということです。それ故、無論この了解は問題的であるわけですから、何処で私どもは真実の意味で〝自己自身〟ということを語ることが出来るのかということがやがて掘り下げられなくてはならぬわけです。そしてまさしくその必要に拠ってこそ第二四章の〝何によって「自己自身」に気をつけることが可能であるか〟という議論も開始をされることになります――

七

〔**さあそこでここが肝要。一体どんな技術でもって我々自身を我々は世話することが出来ることだろうか**〕（一二八D11）

そこでそもそもということで、今しも右の問いがソークラテースによってアルキビアデースに対して問いかけられます。アルキビアデースは即答をすることは出来ませんが、ソークラテースはそこを、その知識とは我々自身をこそよくするのであり我々自身の付属物をそうするものではないことだけは明かだろうと言って、助け船を出します。そこでどうなるか。その何かを「よくする」とは付属物を善くするのではあれ、先ずはその付属物をよく知ることではないのか。それと同様にもし我々が我々自身をよくするというのなら、とにかくそのよくされるべき我々自身を知ることではないのか。であれば、問題は一重に「汝自身を知れ」という碑銘に言うその「自身」ということにかかるのではないか。とすると、その「自身」はどのように見出されるのであるか。このことこそが肝要なこととなる。

そこでこういうことが考えられることだろう。曰く、ソークラテースとアルキビアデースとの目下とは問答を交わしているということだ。それはそうするのには言論（ロゴス）をもってしているのではないか。二人は言論を用いているのである。然るに、用いている者と用いられるものとは先ず異なることを見出すが、その何かの使用の場面を類比的に技術の場面で見て行くとそこではその技術の行使において自らの身体をも使用することがまた見られる。であれば、使用者はそこで使用される身体ともまた異なることが知られる。ここまでが第二四章の議論です。

〔**されば結構なのではないか、このように見なしても。すなわち、この僕と君とはお互いに諸々の言葉を用いながら交わっており、魂でもって魂に向ってそうしているのだと**〕（一三〇D8～10）

次の第二五章は「人間は魂であり、人間の言葉でもってする交わりは魂に対するに魂でもってするそれである」ということを明らかにするものですが、その議論は比較的に簡明でしょうか。

イ、先ず人間と身体とは別であることが語られます。何故なら、人間は身体の全体を使用致します。他方、使用する者と使用されるものとは異なる。されば、人間は身体とは異なるからと。ロ、するとその「人間」とは何かということが確認をされねばなりません。先ず総じて人間は身体を使用しているのだという時、その使用とは人間が魂としてなすのだというそのことが確認されます。何故なら、人間の魂こそが身体を支配してそれを使用するのだから。

ハ、しかしその〝人間の魂〟というようなことが語られる時、その「の」が示す繋がりは何であるのか。すなわち、人間は魂だと言えるのか。それとも身体なのか、魂と身体との全体なのか。その問いが待ち受けています。そこを対話は先ず「人間＝身体」という仮定を検討し、人間こそが身体を支配するのだとの確認があったこと、そこに「人間＝身体」という仮定が置かれたならそこでは「身体を身体が支配する」ことが語られることにもなる。しかし、身体とはあくまでも支配されるものでこそあらねばならぬから、そこを崩す仮定は採られてはならぬ。次いで「人間＝魂と身体との全体」と仮定した場合もおよそ「支配する」とは魂こそのことでもあれば、その仮定も採ることは出来ない。すなわち、結論として「人間＝魂」というその線だけが承認をされなくてはならないということになる。およそこういう問答に拠って、右に引用したような内容のことを当面の結論として語ることになって行きます。尤もしかし、ひたすら究明をさるべきなのはおよそ「自身」とこそ言われるべきものであったからには今こうして「人間＝魂」という一応の結論を得たとは言え、「人間の魂」というその「の」という繋がりは「人間の各々自身」というあり方をこそ示すものでもあれば、未だ端的には「人間自身を語ってはいないのだという留保はされなくてはならぬとは用心されます。それ故、必ずしも絶対的な厳密性を持った証明ではないのだとも。しかしながら、その限りでは

〔**して見ると、我々が魂を認識すべくも命じているのである、自己自身を認識することを課している人は**〕（一三〇E８～９）

ということは今や確かに語られてよいのだということになります。そしてそこからは次々に以下の事柄が演繹されて来ます。それらを列挙すれば、曰く――

イ、身体のことどもの認識は自己自身の付属物どもの認識にして自己自身の認識にはあらず。

ロ、それ故、医者や体育家も彼らが彼らとして止まるその限り、自己自身を認識しはしない。

ハ、農夫その他の職人たちは先ずもって自己自身の認識には程遠くて自己自身に付属するものさえ（手足などの身体）も知らず知るのは付属物よりもなお遠くあるもの（食料）だけであり、従って身体の付属物をこそ知るのである。

ニ、今もし「自己自身の認識」を思慮の健全であるとすれば、以上の医者・体育家・農夫その他の職人たちはその技術に即して思慮が健全なのだとは言われるべくもない。すなわち、技術的知識はおよそ優れた人たる者のその優秀のために学ばれるべきものなどではない。

ホ、イ．を振り返って言えば、身体のことどもの認識はまた自己自身の世話でもない。

へ、金銭の愛好者や肉体を愛する者どもも右の農夫のあり方そのまま自己自身に付属する身体の世話ではなく。それから離れているものであることを愛しているのである。

ト、今、愛の永続ということで考えて見るなら、アルキビアデースその人を恋することとその付属物たる肉体に執着することとでその相違がある。無論、前者の恋こそが永続的である。対話はこの話しに有終の美を添えようとしてなのか、ソークラテースの永続する恋のためにはアルキビアデースその人が美しい人であるべきことを二人が語り合う情景になります。

八

〔**とまれ、かく君にとって事があるのだとこういうことなのだからね。生じはしなかったのだ、どうやらクレイニアースの息子アルキビアデースには恋する者は、またおりもしないのだ、唯一人以外には。そしてその者は愛すべき者、ソークラテース、ソープロニスコスとパイナレテーの息子なる者である**〕（一三一E1〜4）

かくてどうやらこの『第一アルキビアデース』というものをソークラテースが「ダイモーンの合図」の禁止が止んだ今だから大望を抱くアルキビアデースと言葉を交わすのだと言いながらに始めたその意図も、その目指すところへと到ったようです。そこからして私が「ソークラテースへの愛と心配、国事に携わる前提条件の学びの要求、『汝自身を知れ』というその鍵」という如く題した第二七章が始まります。次のように——

イ、この章の冒頭は右に引いて題したまさにそのことが、対話を通じてお互いのあり方を語り合って来たそこから確認されることとして先ず語られます。すなわち、ソークラテースとは誰か。

彼はアルキビアデースの魂をこそ恋するその恋人（エラステース）である。アルキビアデースとは何者なのか。その恋人によって魂の美しくあることが恋い求められている者でこそある。

ロ、次いでソークラテースは本篇冒頭でアルキビアデースが問うた「ソークラテースは何故にアルキビアデースから離れないのか。彼に凌駕された多くの恋人どもが離れ去ってしまった今に」という問いに立ち返り、その理由を語るに至ります。曰く、余人はアルキビアデースの付属物を求めたが自らはアルキビアデースその人をこそ恋したのだ。彼の付属物はその盛りを去ったが、彼その人は大望の花を開こうとしている。彼がアテーナイの民衆によって腐敗され醜くならない限り、自分の恋は止まぬことだろう。彼の腐敗こそがただ心配なのだと。

ハ、されば民衆の恋人となってアルキビアデースが腐敗されることを防ぐためには国事に赴くそのための練習と学習ということに心を用いるべきである。それらの用心こそは腐敗に対しての解毒剤なのだ。

ニ、この段階での問題としてアルキビアデースは再度「我々自身に気をつける」という課題のことを持ち出して問う。答えてソークラテース、我々は我々が何であるかは相当程度に議論することを得た。要は、我々自身に気をつけるというそのことに躓いて我々自身以外のものにかまけていながら我々自身に気をつけているのだと錯覚しないことだ、と言う。

ホ、それ故、ここでの当面する結論は、要は「魂」の世話をすることであればデルポイの箴言を真実に理解するそのことであり、それは「視覚」のあり方を注目することなのだということになる。すなわち、私どもはここに恐らく類比的な議論が行われることを予想することが出来るのでしょう。「魂」としての人間が自己自身を認識することが、「視覚」が視覚自身を知るその場合に比喩されるということです。

では、その「視覚」が自己自身を知るそのあり方とはどういうものであるか。

事は単純明快で、眼が眼そのものを見ることとは要するに「瞳」（人見）に見入るならそこで達成されているのではないかということです。何故なら、「瞳」とはそこでこそ眼の機能である視覚が発揮されているところですから。このことから類比的に議論すれば「魂」の知ることと思慮することとがそこで行われる最も神的な部分を眺めてこそ人は自らを知ることになるのだと語られることともなるわけです。それ故にも再確認しながら語られます、「自己を認識するとは思慮の健全である」と。

以下の議論はこの結論から殆ど演繹的に推論されることであり、自己自身の認識こそはそれに付属をするもの（身体）のそれであり、その付属するものの認識にまた付属するものに付属するものの認識が伴うことが語られます。それ故、この認識の連鎖を思う限りでは、先に自己自身を認識する者と医者や体育家などの自己自身に付属するものを認識する者たち、そして農夫その他の職人たちという、自己自身に付属するものにまた付属するものを気遣う者たち、これらをそれぞれにあり得ることだとしたのだったが、そこは訂正されるべきだということになります。何故なら、我々の自己認識こそ我々に付属するものの認識の基礎であり、我々に付属するものの認識こそはまたそれに付属するものの認識であるからです。そしてこのことはまたそこから自己自身のものの無知は他人のものの無知でありそれはそれとともにまた国家社会の無知であれば、その無知なる者には一国の政治は委ねられないだろうとも、演繹することになります。ここにはまたすべからく人間の不幸がかかっているのだということもあるのだということが、加えて見られて行きます。すなわち、国家社会を取り扱うに無能だとは即一家の斉への無能であり自らの行為が分らず過ちを犯すこととともなって公私にわたって悪く行う不幸の人となるのだということです。つまり、人間の幸福の条件は一重に人が健全な思慮を持って優れた人であることだとされるわけです。

九

さあ、二人の問答もその最終的な結論を確認することへと今は向うようです。すなわち、先ず人間の幸福を保つためには「思慮の健全」こそがその要諦でもあれば、その幸福のために何故に城壁や三段櫓の船や造船所が必要とされようか。それらのものもまさに徳によってこそ有益ともなるのだと、故に国家経営の基本は国民の徳なのだと、こう語られます。このような先に私どもが『ゴルギアース』篇のほぼ終り方でアテーナイの名だたる政治家たちはアテーナイを真実にも幸福にしたのかという批判をソークラテースがするところを見ましたが、全くもってそれと同じ批判がここでも行われているわけです。そしてこの議論はその含意としてアルキビアデースその人への教えを含むものであり、彼が自らと国家とに用意すべきは恣意的な自由や支配の地位では決してない。それは一重に正義と思慮の健全なのだとソークラテースは彼を諭します。何故なら、それらによる行為こそはかく行為をする者と国家とを神に愛されるものとなし、その行為は神的で光明に輝くものを見ながらなすものだからです。何故なら、その眼差しにおいてこそ人は自己自身とその持つ善きものをしっかりと見、また知るからです。これに反して暗黒を眼差しすれば自己自身を知ることがなく恣意的な自由も知性を欠いてあっては、行為の結果は悲惨なのです。

こうして今や最後の確認がなされます。すなわち、国家の上に立つとは独裁的な地位においてというのでは断じてなく、否、徳においてこそであり、それ故、徳なき者はむしろ支配されなくてはならない。その被支配こそが美しさであり相応しさなのだから。であれば、ソークラテースはアルキビアデースにその現状からの脱却を説き、彼もそれが神の御心ならばと応じつつもまた今日この日からは自分の方こそがソークラテースの跡を慕うだろうと、その立ち至った心を打ち明けます。ソークラテースは彼の有終の美を収めることを願いつつも、彼に対する国家社会からの影響を深く案じざるを得ない姿です。

＊

彼の田中美知太郎先生でさえ岩波版においてこの本篇は偽作なのだとする疑いに些か共感的な解説をものしておられました。要は祖国を裏切りスパルタに走りそのスパルタでもまたその王妃と通じてスパルタを追われペルシアに走りスパルタとアテーナイとを消耗させる策をペルシアに採らせ、また逆にアテーナイのためにスパルタを討つなどなど、その絶えざる支配欲に駆られての無節操において憎まれかつまた熱狂的に迎えられ、その果てはスパルタからの刺客により芸妓とともに寝ていたところで殺されるというスキャンダラスな生涯を生きた男の問題であるところの「アルキビアデース問題」を解くには『饗宴』篇での掘り下げに比較すると浅いのではないかということでした。私はそこを本篇はまさしく本篇として立派に解いているのではなかろうかという予測の下に真作説を採ることを申したのでした。それ故、その予測はどうだったかの話しを最後にすべきでしょうか。

本篇についての私の最終的な理解を述べます。それはこうなります。すなわち、プラトーンはその師ソークラテースを尊ぶ思いが深ければ深いそれだけに「アルキビアデース問題」に対して世間がその師に対して注ぐ嫌疑を根本的に晴らすことをこそ願っただろう。故に、プラトーンはソークラテースが大望を抱いたその愛する有能な若者アルキビアデースのためにどれだけのことをその若者の若き日に語ったかという、その真実を確かなものとすることにこそ向ったのであると。そしてこの努力は『饗宴』篇の掘り下げと比較してさえ何ら浅く皮相なものだとは、私にはどうしても思われないのです。大望を実現させるのに必要なすべては語られたと思いますから。

(平成二十四年四月十三日、午前六時四十九分、擱筆)

『第一アルキビアデース』篇翻訳

登場人物

ソークラテース

アルキビアデース

対話の行われた年代は紀元前四三〇年の頃か。ソークラテースは四十歳、アルキビアデースは二十歳といった頃

一

103 **ソークラテース**　クレイニアースの息子よ、僕は思うが、君は驚いているだろうな、僕は
君を恋する最初の男となった上で、他の恋する連中がもう沙汰止みとなっているというのに
ただ一人離れて行きはしないということを。それに、一方、他の連中は五月蠅いくらい君と
言葉を交わしていたのに、他方、この僕と来たらこれ程の年月の間、話しかけることさえも
しなかったということをね。
　このことには、だが、その所為となったものは人間並みのものではなくて、否、何かしら
ダイモーン的な反対なのだよ(1)。その力を実に君は後にもきっと聞くことだろうがね。しかし、
B この今は最早反対をしてはいないので、その通り、僕は君のところへ遣って来たのだ。僕は
楽観しているのだ、この後もそれが反対することはあるまいと。
　されば、殆ど僕は見て取ってしまっているわけさ、この時間において、よくよく見続けて
いたもので、君が恋をしかける連中に向ってどのようにそのあり方を持ったかは。何故なら、
彼らは実に沢山の背負った連中としていたのだったが、誰一人気位でもって君によって出し
104 抜かれて退散しなかった者はいなかったのだから。だがその分け、それでもって君が彼らを
眼中に置くには至らなかったその分けを僕は詳らかにしたい。君は言う、人々の中の誰一人
も必要としてはいないのだ、何一つにかけてもと。何故なら、君にとって備わってあること
どもはこれ大にしてそこでまた何一つに欠くこともない、身体から始めて魂に至るまでだと。

何故なら、君はさあ思うのだからね。先ずは第一に最も眉目秀麗にしてかつまた最大の体躯
――してそのことは、先ず万人にとって見るからに明らか、君が嘘を言ってなどいないとは
――次いで君は最も勢いの盛んな種族の人間、君自らのポリス、諸々のギリシアのポリスに
B あって最大のポリスであるポリスにおいてのだ。かつそこでは父方からして君には友人たち
にそしてまた同族の者たちが最多にして最優秀であり、彼らはいざ必要とあらばきっと君に
役だってくれようその次第だ。他方、この人々に比較して母方からの人々が何ら劣る者でも
数少ない者でもないのである。だが、僕の言ったすべての人たちよりもっと大きな力として、
君は思うのだ、君にはクサンティッポスの息子のペリクレースが(2)控えているのだと。その人
をこそお父上は後見人として残されたのであった、君にかつまた兄弟のためにね。彼その人は
このポリスにおいてその望むところを行う力があるのみならず、否、全ギリシアにおいて、
また諸々の外国人らの多くのそして大きな諸部族にあっても、然りなのだ。他方、僕は付け
C 加えることだろう、君が富める人々の一員であるということを。だが、君は思われているよ、
僕には、その点においてはちっとも威張ってなどいないようにね。

さあ実にすべてこれらのことどもによって君の方は気宇広大でありながら恋する男どもを
制圧してしまっているのだが、彼らは劣ってあるものだから制圧せられたのであり、そして
君にはそれらのことは気づかれずにはすまないでいるわけだ。さあ、ここからして僕はよく
よく承知しているのだよ、君が訝しがって一体何を思いつつも僕はその恋から離れようとは

しないのか、そしてどんな希望を持ってこそ僕は留まっているのか、他の者たちがもう退散してしまっているというのにと、こう思っているだろうことをね。

二

D
アルキビアデース そして、多分、とにかく、ソークラテース、あなたは御承知ではないでしょう、少しばかり私にあなたは先んじられたということを。何故なら、この私はですよ、思っていたのですから、より先にあなたに向って行ってまさしくそれらのことどもをお尋ねしようとですよ、一体、何をあなたはお望みなのか、どんな希望にこと寄せて私をお悩ましなさっておられるのか、何時も何時も私のいるところに最も注意深くも居合わせておられてです。何故なら、本当に、本当に私は驚いているのですから。一体、何があなたのなさっておられることであるのかと、そして私は最も心地よくその分けをお聞きすることでしょう。

ソークラテース して見ると、君は先ず聞くのだというのだね僕から、どうやら、熱心に。苟も、ちょうど君が言うように君は知りたい、僕が何を思っているのかをというのであれば。それでまた僕は君が聞いてくれまた留まってくれるものだとして君に語るのだ。

アルキビアデース 全くその通りですよ。いや、お語り下さい。

E
ソークラテース さあそこで見て欲しい。何故ならだよ、不思議じゃあないだろうからね、ちょうどやっとこさ僕は始めたその通りに、やっとこさ話し止めることとなってもね。

アルキビアデース　善き御方、お語り下さい、何故なら、ちゃんとお聞き致しますから。
ソークラテース　語るべきところかな。されば先ず恋する者たちに引け目のない男に
対して振る舞うことは恋する男には難しいが、それでもこの僕の思いを敢えて僕は言おう。
何故なら、この僕は、アルキビアデース、もしも、一方、君を今し方僕が述べ来たったこと
どもに愛着しそれらの中で生涯を過ごさねばならぬと思っているのだと見てしまうとすれば、
105 とっくの昔に僕はこの恋からおさらばしてしまっていたことだろう、ともかく僕がこの僕を
説得するところではね。だが実際は、あらためて僕は諸々の別の思いの君のであるのを申し
立てることだろう、君自身に向ってね。そしてそれでもってまた君は認識もするわけなのだ、
僕がとまれ君に注意を注ぎ続けて今日に至っているのを。何故なら、君は思われるからだよ、
僕には、もし神々の中のどなたかが君に言ったとする、「アルキビアデース、どちらをお前は
望むのだ、この今にお前の持っているものを所有しつつ生きることをなのか、それともすぐ
にも死ぬのだ、もしお前により大なることを獲得することが許されぬのならというのか」と
こう。君は思われるのさ、僕には死んでしまうことを選ぶことだとね。いやしかし、この今
に一体どんな希望に立って君は生きているのか、この僕が言ってみよう。君は考えているの
B だよ、もしも君がすぐにでもアテーナイの人々の民会へと出て行くとするならば——だが、
これは本に僅かな日々のこと[3]であることだろうが——されば出て行った上では、アテーナイ
の人々に見せつけてやるのだ、君こそは尊重されるに至当だ、ペリクレースもその他のこれ

までに排出した人々の誰一人も然らざるが如くにということを。そしてこのことを見せつけたなら君はポリスにおいて有力たるを得るであろう、だが、もしこの地で君が最大であるのならその他のギリシア人たちの中で然りであり、そしただ単にギリシア人たちの中でそうであるのみならず更にはまた外国人たちの中でもそうなるのだ、とこうだ。我々と同じ大陸に C 住まいする限りの外国人たちの中でね。そしてもしあらためて君に対し同じその神が、ここヨーロッパにおいてこそ君は権力を揮わなければならないのであってアジアへと渡ることは君には罷りならんことでありまたそこの事柄に手をつけることもそうだと言うならば、もう一度僕には君は思われるのだ、ただそれらにおいてだけで生きる気にはなるまいとだ、もしも君の名前と君の力とでもって言わばすべての人間たちを満たすのでなくてはね。そして、思うに、君はキューロス[4]とクセルクセース[5]とを除いては誰一人も語るに足る者としては生じてはいないのだと考えているのだ。

されば、先ず君がこの希望を持っているのだということを僕はよく承知しているし、また当て推量をしているのではないのだ。そこで多分、君はきっとこう言うことであろう、僕が真実のことどもを語っていると知るからにはね。すなわち、「さあそこは、されば何として、D ソークラテース、そのことはあなたにとって議論に向ってはあるというのですか」とこう。しかし、この僕は君にとにかく言うことだろう、クレイニアースとデイノマケーの息子よ。何故なら、君にとってのこれらすべて一切の抱負においてその成就をもたらすことはこの僕なしには不可能なのだから。それ程の力をこの僕は、思うに、諸々の君の事柄と君とにかけては持っているのだ。思うに私を神は君と言葉を交わすのを許さなかったのであり、そしてその君をこの僕は何時神は許すものなのか待っておったのだ。E 何故なら、ちょうど君が諸々の希望をこのポリスにおいて持っていてポリスにとって君こそがすべての価値があるのだと見せつけるのだと、他方、見せつけた上ではすぐさま何事にも権力を揮えるであろうとそうしているように、そのようにこの僕もまた君の許で最大に力を発揮するだろうことを望んでいるのだよ、僕は一切の価値をもって君にありそして後見人も親族もその他の誰一人も君の欲する力をこの僕を除いては授与するのに十分ではないのだと見せつけたその上ではね。だがしかし、それは神とともにではあるが。先ずはされば、より若かった君に対しては、またそれ程の希望に君が満ちる以前には、この僕に思われるところ、106 神は言葉を交わすことをお許しにはならなかったのだ、無駄に僕が言葉を交わすことがないようにとね。けれども、この今は神は許して下さっているのだ。何故なら、この今には君は僕から聞くことがあろうからだ。

三

アルキビアデース　とにかく大いに私にとっては、ソークラテース、この今に一層奇妙にあらためてあなたはお見えでいらっしゃいます、あなたが語り始められては。黙ってあなたが後を着いて来ていらっしゃった時よりも。とは申せ、とにかく非常にあなたは見るからにその時もまたそのようではありましたけど。されば先ずこの私がもしそれらのことを思っているのかいないのかは、どうやらすでに御承知のことでいらっしゃいましょうし、よしまた私が否定したところで何一つも私にはより多くがあることでもないでしょう、あなたを説得することに向っては。いいでしょう。他方、もしさあそこで精々それらのことを私が思うに至ってあるのだとしてですが、如何にしてあなたを通してこそ私にはそれらはあるのだろう、あなたなしには生ずる見込みはないのだということなのでしょうか。お語りになられますか。

B

ソークラテース　はたして君は尋ねているのかな、何か語りの長い奴を私が語る持ち前にあるかどうかと、実にそのようなものとして君が聞き馴れているのだといったような。何故なら、そのようなものとしては私のはないからだ。否、先ず君に示すことは、この私の思うところ、私は出来ることだろうよ、それらがそのようにあるのだということを、もしもただ一つのことだけを僕のためにちょっと手伝う気になってくれさえすれば。

アルキビアデース　いやしかし、とにかくさあそこはもし何か難しいものだとその手伝いをお語りではないのであれば、その気になりますよ。

ソークラテース　そもそも難しいと思われるかな、問われたことどもを答えることが。[6]

アルキビアデース　それは難しいことではありませんね。

ソークラテース　それなら、君、答え給え。

アルキビアデース　お尋ね下さい。

ソークラテース　されば、君がそれらのことどもを心に思っているのだとして僕は尋ねるのではないかな、僕が君は心に思っているのだと言っているそれらをだがね。

C **アルキビアデース**　そうだと致しましょう、もしお望みであれば、私が知りますためにもね、何をまたあなたが仰有られることかをです。

ソークラテース　さあそこだ。何故なら、君は心に思っているからだよ、この僕の言っているように、アテーナイの人々に対して近々のうちに忠告すべく進み出ることを。されば、演台へと上がろうとしている君を掴まえて僕が尋ねたすればだ、曰く「アルキビアデースよ、何についてアテーナイの人々が審議することを思っているからというので君は忠告せんものと立ち上がったのかね。はたしてそれはそれらについて君こそが彼らよりもよりよく知っているからこそなのだね」とこう。何と君は答えることかな。

D **アルキビアデース**　きっと言うことでしょう、それらについては私こそが彼らよりはよりよく知っていることどもについてです、と。

ソークラテース　して見ると、それら君が偶々知っているものどもについては、君はよき忠告者なのだ。

アルキビアデース　どうしてそうではないことがありましょうか。

ソークラテース　さればこれらだけを君は知っているのではないかな、他の人々から君が

E

学んだことどもか、或いは君が自分で見出したことどもか。

アルキビアデース　何故なら、どのような他のことどもを私は知っておりましょうか。

ソークラテース　されば、あり得ることだろうか、まあどうとか、何時か君が何かを学んだとか見出したとかといったことが、学ぼうという気になりもせずそして自分で探そうという気になりもせずにいて。

アルキビアデース　それはあり得ません。

ソークラテース　だがどうだろうか。君は探す或いは学ぶ気になったことだろうか、君の知っていると思っていたところのものどもを。

アルキビアデース　それはありません。

ソークラテース　して見ると、この今に君が偶々知っているものどもとはそれらを知らぬと君が考えていた時があったわけだ。

アルキビアデース　それは必然です。

ソークラテース　いやしかし、実際、とにかく君がすでに学んでいることどもは何か殆どこの僕もまた知っているのだよ。だが、もしも何かがこの僕にはまだ知られてはいないようだったら、言ってくれ給え。何故なら、君はとにかく学んだのだった、この僕の記憶に拠るなら諸々の文字とキタラを弾くことと相撲をとることを。何故なら、笛を吹くことはとまれ君は学ぶ気にはならなかったのだから。それらのことどもこそが君の知っていることなのだ、

107

もし何処かしら何かを学んでいるのにこの僕の注意に上らなかったのでなければね。しかし、とまれ僕は思うのだよ、夜も昼も家から出て行きながら僕に気づかれぬことはなかったと。

アルキビアデース　いや、私はそれら以外のところへとは通ったことはありませんでした。

四

ソークラテース　されば、君は諸々の文字についてアテーナイの人々がどのようにすれば彼らが全うに書くことになるかを審議をしている時に、その時に彼らのために忠告しようと立ち上がるのだろうか。

アルキビアデース　ゼウスに誓って、とにかくこの私はそうは致しません。

ソークラテース　いやしかし、リュラにおいての諸々の打ちについての場合だろうか。

アルキビアデース　いいえ、決して。

ソークラテース　更には、実際、とまれ相撲の勝負について人々が議会において審議することも慣わしとはしていないなあ。

アルキビアデース　確かに、否です。

ソークラテース　されば何について人々が審議をしている場合なのかね。何故なら、何処かしらとにかく建築についてそうしている場合ではないのだから。

アルキビアデース　無論、否です。

ソークラテース　何故なら、建築家こそがともかくもそれらのことを君よりは一層優れて忠告するのだから。

B **アルキビアデース**　ええ。

ソークラテース　更には、実際、占いについて彼らが審議をしている場合でもない。

アルキビアデース　ええ。

ソークラテース　何故なら、占い師(7)があらためてそれらのことを君がするよりはより立派にそうしようから。

アルキビアデース　ええ。

ソークラテース　よしまたとにかく彼が小さくても大きくても、よしまた美しくとも醜くとも、なおまた生まれよき者であれ生まれ卑しきものであれだ。

アルキビアデース　どうしてそうではないことがありましょう。

ソークラテース　何故なら、知る者のだとして、思うに、各々についてする忠告はあるのであって、富んでいる者のだというわけではないのだから。

アルキビアデース　どうしてそうではないことがありましょう。

ソークラテース　いやしかし、よしまた貧乏でよしまた富んで推奨する者があるとしても、アテーナイの人々にとっては彼らがポリスにいる人々についてどうしたらその人たちが健康
C にしてあることかと審議している時には何の相違するところもないのであって、否、彼らは

D

医者としてその忠告者があることをこそ求めるのである。
アルキビアデース　とにかく当然至極にもですね。
ソークラテース　されば何について彼らが考えてみている場合にその時に君は忠告しようと立ち上がりつつ君は全うにも立ち上がっているのだろうか。
アルキビアデース　彼ら自らの事柄についてそうしている場合ですよ、ソークラテース。
ソークラテース　造船についてのことどものことでだと君は語っているのかな、どんな諸々の船舶を彼らは造船しなくてはならないかという。
アルキビアデース　いや、とにかくこの私はそれは忠告など致しません、ソークラテース。
ソークラテース　何故なら、造船する仕方を君は、思うに、知識してはいないのだから。そのことが原因だろう、それとも別の何かが原因だろうか。
アルキビアデース　いいえ、否、まさにそのことがです。
ソークラテース　しかしながら、どのような彼ら自身の諸々の事柄についてだと君は語るのであろうか、彼らが審議をしている場合にだね。
アルキビアデース　戦争について、ソークラテース、或いは平和について或いはポリスのことどもの他の何かのことについてですよ。
ソークラテース　はたして君は語っているのかな、彼らがどんな人々とは平和を設えねばならぬか、どんな人々とは戦争すべきか、またそれはどんな仕方でであるか、これらを審議している場合のことを。
アルキビアデース　ええ、そうです。
ソークラテース　だがしかし、戦争すべきはその人々に対してはよりよく戦争するその人々とではないのか。
アルキビアデース　ええ。
E
ソークラテース　そして戦争することがよりよくであるその時にこそだ。
アルキビアデース　全くです。
ソークラテース　またそれがよりよいだけのそれだけの時間に渡ってだ。
アルキビアデース　ええ。
ソークラテース　さればもしアテーナイの人々が誰たちと相撲を取るべきかまた誰たちと拳闘をすべきかまたそれはどんな仕方でかとこう審議しているようなことがあるとすると、君こそがより優れて忠告することだろうか、それとも体育家こそがそうすることだろうか。
アルキビアデース　それはきっと体育家の方こそでしょう。
ソークラテース　されば、君は言えるかな、何に向って眼差しをしながら体育家は忠告をすることがあり得るのかを。すなわち、誰たちとは相撲を取らねばならぬ、また誰たちとは取ってはならない、そしてそれは何時でありまたどんな仕方でであるかとこう。だが、僕はこのようなことを語っているのだ。はたしてその人々と、つまりよりよく相撲を取ることの

108

出来る人々とこそ、相撲を取らねばならぬのではないか。それともそうではないか。

アルキビアデース　その通りです。

ソークラテース　はたしてまたよりよく相撲を取るそれだけの程にだね。

アルキビアデース　それだけの程にです。

ソークラテース　さればそうするがよりよい時、その時にでもある。

アルキビアデース　だがしかし、実際、歌いながらにもまたその時に歌に向ってキタラを弾きまた踊る必要があるわけだね。

アルキビアデース　必要がありますね。

ソークラテース　されば、それはそれがよりよい時、その時にである。

アルキビアデース　ええ。

ソークラテース　またそれがよりよいだけ、それだけの程で。

アルキビアデース　賛成です。

B

五

ソークラテース　されば、どうだろうか。君は先ず〝よりよく〟というのを両方のことに、つまりキタラを歌に合わせて弾くことと相撲を取ることとにおいて名づけていたからには、何をキタラを弾くことにおいてのよりよきことだと呼ぶのかね。ちょうどこの僕が相撲を取る

C

ことにおいてのそれを体育的なこととするように。だが、君は前者を何だと呼ぶのだろうか。

アルキビアデース　思いつきません。

ソークラテース　いやしかし、努め給え、この僕を倣うように。何故なら、この僕は何処かしら答えておったのであるから、すべてを通じて全うにそのあり方があることを、他方、恐らくは全うにあり方があるのだ、技術に即して生じて来るものは、とこう。それともそうではないか。

アルキビアデース　ええ、そうです。

ソークラテース　他方、技術とは体育術であったのだね。

アルキビアデース　どうしてそうではないでしょうか。

ソークラテース　然るに、この僕は言ったのだった、相撲を取ることにおいてのよりよきものとは体育術的なるものなのだと。

アルキビアデース　仰有いました、確かに。

ソークラテース　されば、立派に言いはしなかったかな。

アルキビアデース　とにかくこの私にはそう思われます。

ソークラテース　さあ、そこで君もまた——何故なら、きっと相応しいことだろうからね、君にとっても何処かしらまた立派に言葉を交わすことは——言ってくれ給え、第一に、何であるのかその技術は、それにこそキタラを弾くことや歌うことや全うに踊ることなどが属するその技術は。すべて一切は、何として呼ばれていようか。未だ君は言えないのかな。

アルキビアデース　どうも言えません。

ソークラテース　いやしかし、このように努めてみ給え。どなたらが女神でいらっしゃるだろうか、技術がそれら女神に属している女神としては。

アルキビアデース　ミューズの女神たちを、ソークラテース、あなたはお語りなのですか。

D
ソークラテース　とまれ、この僕ならね。さあそこで見るんだね。彼女たちからしてどんな因み名をその技術は持っているだろうか。

アルキビアデース　ミューズの技（ミュージック）をあなたは私には思われます、お語りであると。

ソークラテース　語っているよ、確かに。されば、何であろうか、その技に即して全うに生じて来るものとは。ちょうど先のところではこの僕が君に対して技術に即して全うに生じて来るものを語っていた、体育術だとして語っていたが、君もまた、さあそこでさればその通りにここでは何を言うのであるか。どのようにして生じて来ることを言うのかな。

アルキビアデース　ミューズの技に適う仕方でだと私には思われます。

ソークラテース　君はよく語っている。さあそこだ。戦争をすることにおいてのよりよい
E
ことにしろ平和にしていることにおいてのよりよいことにしろ、そのよりよきことを何として君は名づけるのかね。ちょうど先のところで各々の場合において君はより善きものを語って

109

いたように、つまり、より一層ミューズの技に適っていることだと、そして他方においてはより一層体育術に適ってあることだと語っていたように、さあ、そこで努め給え、ここでもまたより善きものを語ることを。

アルキビアデース　いやしかし、それが全く何か私は出来かねているのです。

ソークラテース　とは言え、確かにともかくも恥ずかしいことだよ、もし、一方、誰かが君が諸々の食料についてこれはこれよりもよりよくそして今がまたこれ程がそうだと語っていてその後にこう尋ねるとするならばだよ。曰く、何をよりよいことだと君は語るのかね、アルキビアデース、とこう。一方、それらのことどもについてはより健康に資するものだと答える持ち前にあること、(8) とは言えとにかく医者なのだと君がその振りをしているわけではない。他方、君がそれに関して知識者なのだという振りをして知っているという積りで立ち上がって忠告をしようとしていることについては、だがこれについては質問されてもし言う持ち前にはないのだとするなら、君は恥じないであろうか。或いはそれは恥ずべきこととは見えないだろうか。

アルキビアデース　全く恥ずかしいことです。

ソークラテース　さあそこでよく見てくれ給え、そして言うように心を傾けて貰いたい、何に向って張っているのかな、平和にしていることにおいてのより優れたものとそしてまた戦わねばならぬ者らと戦うことにおいてのそれとは。

B

アルキビアデース　いやしかし、よく見てはいるものの思いつくことが出来ません。
ソークラテース　君は知っていないのかね、我々が戦争を起すといった場合にどんなことを互いに被害として言い立てながら戦争へと突入するのかを。そして何としてそれを名づけながらに我々は突入するのかを。
アルキビアデース　とにかくこの私なら知っておりますとも。とにかく何か騙されてとか或いは暴力を加えられてとか或いは奪い取られてこそ突入するのです。
ソークラテース　待ってくれ給え。どのような仕方でそれらの各々を蒙りながらだろうか。言うように努めてくれ給え、どういう風に相違するのだというのかね、このように蒙るのとこのように蒙るのとでは。
アルキビアデース　そもそもこのようにとは、正義に適ってということと不正な仕方でということとをあなたはお語りなのですか。
ソークラテース　まさにそのことをさ。
アルキビアデース　いやしかし、実際、とにかくそのことは全体がかつまた一切が相違していますよ。
ソークラテース　さればどうだろうか。アテーナイの人々に対しては君はどちらに向って戦争することを忠告するのだろうか、不正をなす者らに対してであろうか、それとも正しいことどもを行っている人たちに向ってだろうか。

C

アルキビアデース　恐るべきこととしてとにかくそのことはお尋ねです。何故なら、もし人が正しいことどもを行っている人々に向って戦争をしなくてはならないのだとか思ってもいるようであれば、とにかくそうとは同意をすることはあるまじきことでしょうから。

ソークラテース　何故なら、掟に適うことではなくそのことはあるのだからね、どうやら。

アルキビアデース　きっと適わぬことでしょう。とまれ更にはそれは美しいことではないのだと思われます。

ソークラテース　して見ると、それらのことどもに向ってこそ君もまた諸々の言論をものして行くのだね。

アルキビアデース　それは必然です。

ソークラテース　されば別の何かだろうか、すなわち、それをこそ今し方にこの僕がよりよきこととして尋ねていたこと、すなわち、戦争をするとしないとに向って、また誰たちとは戦争しなくてはならず誰たちとは否であるか、何時戦争をし何時はしないか、ということで尋ねていたこと、これはより正しいこと以外のだ。それともそうではないのだろうか。

アルキビアデース　とにかくそう見えることです。

六

D

ソークラテース　どんなに、されば、親しいアルキビアデース、なるのだろうか。どちら

E

だろう、君が君自身の注意を逃れてしまっているということなのか、君がそのことを知識してはいないということではさ。それともこの僕の注意を君が逃れたのだということなのか、君が学んでいるし、また先生のところへ通っていたのだというのにさ。君を教えてより一層正しいことにそしてまたより一層不正なこととを識別することを得させたその先生のところへとだがねえ。また誰なのかね、その人は。言ってくれ給えよ、この僕にも、君がその人に弟子としてこの僕をも紹介してくれるためだよ。

アルキビアデース　からかっていらっしゃる、ソークラテース。

ソークラテース　それは違うよ、友愛の神ゼウスに誓っててね、この僕と君とのさ。この御方にかけてこの僕は偽誓などするものじゃあないさ。いや、もし苟も君が持っているのであれば、言い給え、それは誰なのかを。

アルキビアデース　しかしどうなのです、もしも私が持っていないようであれば。お思いにはなりませんか、私が他の仕方で知っていることを、諸々の正しいことどもと不正なことどもについてはですよ。

ソークラテース　そりゃあ思うさ、もしとにかく君が見出したのだとすればね。

アルキビアデース　しかし、あなたはお考えにはなられないのですか、私が見出したとは。

ソークラテース　そりゃあとにかく大いにそう考えているさ、もし君が探し求めたのだとすればね。

110

アルキビアデース　じゃあ、探し求めたとはあなたはお思いにはなりませんか、私がです。

ソークラテース　とにかくこの僕なら思うさ、もし君がとにかく思ったのだとすればね、知ってはいないのだとこう。

アルキビアデース　じゃあ、なかったのでしょうか、私がそのように持ち前があった時が。

ソークラテース　言やよし。されば、君は出来るかね、その時を言うことがだよ。君が諸々の正しいことどもと不正なことどもとを知っていると思ってはいなかったその時だが。さあ、ここが肝心、昨年は探し求めておってかつまた知っているとは思ってはいなかったのかね。それとも知っていると君は思っていたのかね。また真実のことどもをこそ答えてくれ給えよ、空しく問答の言葉が生じたりしないように。

アルキビアデース　いや、私は思っていました、知っているのだと。

ソークラテース　だが、三年前。四年前、五年前、君はそのようではなかったかな。

アルキビアデース　ともかくこの私はそうでした。

ソークラテース　しかし、実際、とにかくそれより以前には君は子供であった。そうだね。

アルキビアデース　ええ。

ソークラテース　その時は、先ずそれならだよ、僕はよく知っているよ、君が知っていると思っていたということを。

アルキビアデース　どのようにしてよく御存知なのですか。

B **ソークラテース** 幾度も君から、先生方のところでまたその他のところで僕はよく聞いたのだよ、子供の君だったが。そして君がさいころ遊びを(9)していたり或いは別の何かの遊びを遊んでいる時に、諸々の正しいことどもや不正なことどもについて何の戸惑っているという風ではなくて、否、大いに大声でまた臆するところなく語っているところをだ。子供たちの中で君が出くわす者について、けしからん奴でかつまた間違っているのだというように、また彼は不正を働いているという風にね。それとも僕は真実のことどもを語ってはいないかね。

アルキビアデース しかし私は、何をすべきだったのでしょうか、ソークラテース、人が私に不正を働いたといった時にはですよ。

ソークラテース だがしかし、君がもし人が不正を遣ったかも遣らなかったかもその時にたまたま無智であったとすれば、君は語るのかね、君は何をなすべきかなどと。

C **アルキビアデース** ゼウスに誓って語りませんよ。いや、無智であったわけではないので、とにかくこの私なら。いいえ、はっきりと私は認識していたのです、私が不正をされているのだということは。

ソークラテース して見ると、君は思っていたわけだ、知識しているのだと、子供ながらにも、どうやら、諸々の正しいことどもと不正なことどもとを。

アルキビアデース 思っていました、とにかくこの私ならですね。またとにかく私は知識していたのです。

D

ソークラテース　それはどんな時間において見出した上でのことかね。何故なら、きっと君が知っていると思っていたその時においてでは、とにかくないだろうから。

アルキビアデース　ええ、その時にではありません。

ソークラテース　されば、何時君は無智であると考えていたのかね。よく見てくれ給え。何故なら、君は見出すことはあるまいからだ、その時を。

アルキビアデース　ゼウスに誓って、ソークラテース、さればとにかく私は言うべき持ち前にはありません。

ソークラテース　して見ると、先ず見出した上でということでそれらを君は知っているのではないわけだ。

アルキビアデース　否だと実に現われていることです。

ソークラテース　しかしながら、実際、先程にはとにかく学んだ上ででも知っているわけではないのだと、こう君は言っていた。だがしかし、もし君が見出したのでもなく学んだのでもないのだとすれば、どのようにして君は知っているのだというのかね。また何処から。

七

アルキビアデース　いやしかし、多分このことをあなたに全うならざる仕方で私は答えたのでしょう、言ったことです、自分で見出して知っているのだと。

E

ソークラテース　だが本当はどのように事はあったのかね。

アルキビアデース　学んだのです、思うにこの私もまた、ちょうど他の人々もそうだったように。

ソークラテース　もう一度同じ議論へと我々は遣って来たことだ。それは誰からなのかね。言ってくれ給え、この私にも。

アルキビアデース　多くの人々からです。

ソークラテース　とにかく上等ならざる先生たちの中へと君は逃げ込んでいることだよ、多くの人々の中へ問題を持ち上げて行って。

アルキビアデース　だがどうなのです。教えるのに十分で彼らはありはしませんか。

ソークラテース　ともかくも将棋に関することどもや関してはいないことどもは、されば、ともかく十分ではないね。そしてだ、一層取るに足らぬことどもなのだ。それらは、思うに、諸々の正しいことどもに比べたね。だが、どうだね、君はそのようには思わないのかな。

アルキビアデース　思いますとも。

ソークラテース　それでは、一方、一層取るに足らぬことどもを彼らは教えることは出来ないが、他方、一層大切なことどもは教えることが出来るのかな。

アルキビアデース　そう思っています、とまれこの私なら。いやしかし、ともかく沢山のことどもを彼らは教えることが出来ているのですよ、将棋を指すことよりもより大切なこととしてです。

ソークラテース　どのようなことどもかね、それらは。

111 アルキビアデース　例えばギリシア語を話すこともまた彼らからとまれこの私なら学んだのですし、また私はこの私自身の先生を言えるわけではありません。否、同じ人々へと問題を持ち上げて行くわけなのです、その人たちをあなたが上等な先生ではないと仰有っているその人々へとです。

ソークラテース　いやしかし、生まれよき君よ、一方、そのことのであれば善き教師で多くの人々はありまたまあ正当にも彼らは賞讃されることだろう、彼らの教示にかけてはね。

アルキビアデース　一体、何故でしょうか。

ソークラテース　彼らが持っているのだということだよ、善き教師たちが持っているべきことどもをめぐっては。

アルキビアデース　何をそのこととしてお語りなのですか。

B ソークラテース　君は知らないのかね、何をであれ教えようとまさしくしている人たちは自らが第一に知っているべきなのだということを。それともそうではないのか。

アルキビアデース　どうしてそうではないことがありましょうか。

ソークラテース　されば知っている人々は相互に意見が同じでありかつまた相違することはないのではないか[10]。

アルキビアデース　ええ。

ソークラテース　だがそれらにおいては彼らが相違することどもも、それらを君は言うことであろうか、彼らが知っているのだとこう。

アルキビアデース　それはもう、否ですとも。

ソークラテース　さればそれらのことどもの教師で如何にして彼らはあり得るだろうか。

アルキビアデース　それは如何にしてもなれますまい。

C

ソークラテース　さればどうだろうか。思われるかね君に、相違するものなのだと多くの人々が、どのようなものが石或いは木であるかに関して。そして君が誰かに尋ねるとすれば、はたして同じものどもを彼らは同意しはしないのか。そして同じものどもへと彼らは進んで行くのではないか、彼らが石或いは木を掴むことを望むといったような場合には。同様に、そうしたものどもである限りのすべてがあるわけだ。何故なら、殆ど何か私は学ぶからさ、ギリシア語を話すことを知識しているということをこのこととして君が語っていることを。それともそうではないのかな。

アルキビアデース　いえ、そうなのですよ。

ソークラテース　されば、一方、それらのことどもへかけてだと、ちょうど我々が言ったように彼らはお互いに意見が同じであり、かつまた自らが自らに対して私的に、また公的に諸々のポリス人が相互に向って異論を出し合うこともせぬのではないか、或る諸々のポリスは、

D

一方、これらのものどもを、他方、或る諸々のポリスは別のものどもを断言したりなどして。

アルキビアデース　確かにそれは否ですね。

ソークラテース　して見ると、まあ当然にもとにかくそれらのことどもの教師として、彼らは善き者たちなのだ。

アルキビアデース　ええ。

ソークラテース　されば、もし、一方、我々が誰かをそれらについて知らしめたいと望むならまあ全うにも送り込むこととなるのではなかろうか、それら多くの人々の教示の中へと。

アルキビアデース　全くです。

八

ソークラテース　だがしかし、どうだろうか、もし我々が知りたいと望むとして、それがただ単にどのようなのが人間であるとかどのようなのが馬なのだとかというに止まらず、更にはまたそれらのどれが快速かそしてまた快速ではないかということであると、はたしてなお多くの人々がそのことを教えるのに十分であろうか。

アルキビアデース　そこはもう否でしょう。

E

ソークラテース　然るに、君にとってそのことの十分な証拠は、彼らが知ってもいないし更にはそれらの頼りになる教師でもないということだ、彼らは何一つも彼ら自身とそれらについては意見を同じくしてはいないからにはね。

アルキビアデース　ええ、とにかくこの私にはですね。

ソークラテース　他方、どうだろう、もし我々がただ単にどのようなのが人間であるのかということのみならず更にはまたどのようなものが健康的であり或いは病的であるかということをも知ることを望むとするなら、はたして我々にとって十分な教師として多くの人々はあったことだろうか。

アルキビアデース　そこはもう否です。

ソークラテース　だが君にはその証拠でまああったのだ、拙劣な者たちでそれらの教師があるということが、君がもし彼らが相い隔たってあるのを見てしまっているのであればね。

アルキビアデース　とにかくこの私にはそうでした。

ソークラテース　だがどうだろう、さあそこで。この今にだよ、[11] 諸々の正しきまた不正な
112 人々についてまた事柄について多くの人々は思われているだろうか君にとって、自らが自らに対して或いはお互いに対して意見を同じくしているとだ。

アルキビアデース　ちっとも思われは致しません、ゼウスに誓って、ソークラテース。

ソークラテース　だがどうなのだ。取り分けそれらについては彼らは相い隔たっていると思われているのかね。

アルキビアデース　とまれ、大変にですね。

ソークラテース　さればともかくも私は思うのだが、かつて君は見もしなかったし聞きもしなかったのではないかとね、酷くかくも人々が健康的なことどもと然らざるものどもとについて相い隔たっていて、そこでまたそれらのことどもの故に戦闘をし互いに殺し合うにも至るといったことは。

アルキビアデース　そこはもう否です。

B

ソークラテース　しかし正しきことどもと不正なことどもについてはこの私は知っているのだよ、よしまた君が見ることはこれまでになかったとしても、とにかくされば君は聞いたことはあった、他の多くの人々からしてもかつまたホメーロスからしてもだが。何故なら、オデュッセイアーのことも君はイーリアスのことも聞いたことがあるからだ。

アルキビアデース　それはもう断然聞いていますとも、ソークラテース。

ソークラテース　されば、それらは正しきことどもとかつまた不正なことどもとの諸々の隔たりをめぐる詩作品なのではないか。

アルキビアデース　ええ、そうです。

ソークラテース　そしてとまれ諸々の戦闘と死とがその隔たりの故にアカイアー勢とかつまたトロイアー勢とに生じたのであり、そしてペーネロペーの求婚者らとオデュッセウスとに[12]生じたのだった。

C

アルキビアデース　真実のことどもをお語りです。

D

ソークラテース　他方、思うに、タナグラーに[13]おいてのアテーナイ人たちの、そしてまたラケダイモーンの人たちの、そしてボイオティアーの人々の死者たちにとっても、またその後にコローネイアーで[14]死んだ人々たちにとっても、またその人たちの中にあり君のお父さんのクレイニアースも死んで行かれたわけだけれども、何一つも別のことについての隔たりが諸々の死と諸々の戦闘とを作り出すことに至ったというのではなかったのだ、正しいことと不正なこととについて以外のだよ。だってそうだろう？

アルキビアデース　真実のことどもをお語りです。

ソークラテース　さればこの人たちを我々は言ったものだろうか、それらについてかくも酷く相い隔たっていることどもを知識しているのだと。そこでまたお互いに言い争いながら極端なことどもを彼ら自身がしでかすのだけれども。

アルキビアデース　とにかくそうとは見えませんね。

ソークラテース　さればそうした教師たちのところへと君は問題を持ち上げているのではないか、君自身がその人々を知ってはおらぬのだと同意しているその人々のところへとだよ。

アルキビアデース　私はどうやらそうしているようです。

ソークラテース　されば如何にして尤もだというのだろうか、君が知っていることがだよ、諸々の正しきことどもと不正なことどもをね。それらについてはそんなにも迷っていてまた誰一人からも学んだとも見えず自分で見出したとも見えないでいてはね。

アルキビアデース　先ずあなたのお語りのことどもからしては、尤もではありませんね。

E

九

ソークラテース　あらためて君はこのことを分かってくれるかな、君の言はよからずとだよ、アルキビアデース。
アルキビアデース　どのようなことがでしょうか。
ソークラテース　この僕がそれらのことを語っているのだと君が言っているということさ。
アルキビアデース　だが何故なのですか。あなたこそ語っておられるのではないのですか、この私は何一つ知ってはいないのだ、諸々の正しいことどもと不正なことどもについてとは。
ソークラテース　否なのだよ、確かに。
アルキビアデース　否、この私こそがだとですか？
ソークラテース　そうさ。
アルキビアデース　一体、どのようにしてそうなのですか。
ソークラテース　このようにして君は知ることだろう。すなわち、もしも君に対して僕が一と二とではどちらがより多いのだと尋ねるとすれば、君は言うことだろう、二の方がより多いと。
アルキビアデース　とにかくこの私なら。

113

ソークラテース　どれだけ多いかな。
アルキビアデース　一だけ。
ソークラテース　されば我々のうちどちらが語っている者なのか、二が一よりも一つだけより多いのだと。
アルキビアデース　この私です。
ソークラテース　さればこの僕は、一方、質問していたのであり、他方、君は答えていたのではなかったか。
アルキビアデース　ええ。
ソークラテース　さあそこで、それらについてまさかこの僕が明白に現れたのではあるまいな語っているのだと、質問している者がさ。それとも君応え手こそがではないのかね。
アルキビアデース　この僕こそがです。
ソークラテース　他方、どうだろうか。もしこの僕が、一方、尋ねるとする、どういったものがソークラテースの綴りであるのかと、他方、君がそれを言うとするならば、どちらが語っている者であろうか。
アルキビアデース　この僕こそがです。
ソークラテース　さあそこで進んでくれて、一言で言ってくれ給え。質問とかつまた答えとが生ずるという場合、どちらが語っている者なのか、質問をしている者なのか、それとも答えている者なのであるか。

アルキビアデース　答えている者です、とまれこの私に思われるところ、ソークラテース。

B **ソークラテース**　されば先程はすべてを通じてこの僕は、先ずはそもそも質問をする者ではなかったか。

アルキビアデース　ええ。

ソークラテース　他方、君は応える者であった。

アルキビアデース　全くです。

ソークラテース　さればどうだろうか。語られたことどもは我々のうちのどちらが語るにいたったのであるか。

アルキビアデース　先ず見えることです、ソークラテース、同意されたことどもからしてそれはこの私だと[15]。

ソークラテース　されば語られたのであった、諸々の正しきことどもと不正なことどもについてアルキビアデース、美しくてクレイニアースの子である者は知識してはいないのだが然るに知識しているのだと思い込みそして議会へと出て行ってはアテーナイの人々に対して何一つそれについては知らぬことどもを忠告しようとしているのではないか。こうしたことどもがあったのではないか。

C **アルキビアデース**　そう見えます。

ソークラテース　して見ると、エウリーピデースの例の台詞が(16)帰結をして来るわけだよ、アルキビアデース。これらのこと、君からしてどうやら君は聞くのであって私からではありませぬぞ、更にまたこの私もそれらを語っている者ではなく、否、君なのだ、なのに君は、この僕の所為に空しくもしているのだよ。然は然りながら、よくぞ君は語ってくれているよ。何故なら、君は気違いじみた企てを企てることを頭に置いているのだからねえ、並々ならず優れた君よ、君の知らぬことどもを教えることをさ、学ぶことは放っておいて。

D

一〇

アルキビアデース　私は先ず思うのですよ、ソークラテース、滅多にアテーナイ人たちは諮ることはしないしまたその他のギリシアの人たちもそうだとです、どちらがより正しいかより不正であるかなどとはですよ。何故なら、彼らは考えるからです、そうしたことどもは明らかであると。それらについてはされば放っておいた上で彼らは狙いをつけるわけですよ、どちらを行ったならその彼らに利があることになるだろうかと。何故なら、思うに、同じではないからです、正しいことどもとそしてまた利するところのあるものどもとは。否、実に多くの人々にとって大きな不正事を犯してこそ利するところがあった、そしてとにかく他方の人々にとっては、思うに、正しいことどもこそを遣ったのに利はなかったのだからですよ。

ソークラテース　だと、どうなんだね。もしも精々異なるものどもとして、一方、正しい

E ことどもはあり、他方、異なるものとして利するところのものどもはあるとはしても、何か
何処かしらあらためて君は思っているのではないだろうね、知っているのだ、それら人間に
とって利するところのあるものどもを、そしてそれが何故にそうであるのかも。
アルキビアデース　何かそれで具合でも悪いのでしょうか、ソークラテース。問題は私に
あらためてあなたが質問なさらないでということですよ、誰から私は学んだのかとか或いは
どのように自分で見出したのかなどとは。
ソークラテース　何たるこれは君の仕打ちであることか。もし君が全うに語ってはいない
が、他方、以前にもまた議論としてそれを通じて遣ったもので証明することが可能であるの
に実に君は思うわけだ、新規の何がしかのものとして証明は聞かなくてはならない、そして
別口のをと。それはもう以前の例えば着物といったものはすっかり着古されてしまっている
114 のだとばかりであり、最早、君はそれらを身につけてはくれぬというわけだ、もしも誰かが
君に証拠を清浄で汚れのないものとして持って行くことはしないようだったら。この僕は、
だが君の議論のそれらの先蹤はこれを放っておいて何ら劣ることなく質問することだろうか、
何処から学びあらためて君は利することどもを君は知識しているのか、また誰が先生なのか、
そしてすべての彼の先のことどもを一つの質問にしてだよ。いやしかし、とこう言うのも、
明らかなのだからね、同じところへと君は到り着くだろう、そして君は証明することは出来
ないだろう、見出した上で君は利するところあるものどもを知っているのだとも学んだ上で

そうなのだともだよ。他方、君は口が奢っていて最早喜んで同じ議論を味わってくれるとも思われないからには、この議論は先ずは放っておくよ、君がアテーナイ人たちにとって利する
B ところあるものどもを知っているか否かというそれは。けれども、同一のものとして正しいことどもとかつまた利するところあるものとがあるのかどうか、それとも異なるものであるかこれを何故に君は証明しなかったというのだね。もし一方、君がよければ僕を、ちょうどこの僕が君をそうしたように、質問しながらで、だが他方、もしよければ君自身が君自身の上でということで、議論でもって詳らかに語って行ってくれ給え。

アルキビアデース　いやしかし、私は分かりません、私が出来るものなのかどうかとは、ソークラテース、あなたに向って詳らかに語ることを。

ソークラテース　いやしかし、善き君よ、この僕を議会だと見なし給えよ、また民衆だと。そこでもまた、君は一人一人を説得することを必要とすることだろう、そうではないかな。

アルキビアデース　ええ。

C **ソークラテース**　されば、同じ人のことではないかな、一人の人を単独に説得することが可能なのも一緒に大勢をそうするのもまあ彼が知っていることどもについてであればだよ。ちょうど文法家が一人の人も何処かしら諸々の文字について説得するしかつまた大勢をもそうするように。

アルキビアデース　ええ。

ソークラテース　されば、はたして数についてもまた同じ人が一人をもかつまた大勢をも説得することだろう。
アルキビアデース　ええ。
ソークラテース　だが、その人は知るところある人、すなわち、数学家であるだろう。
アルキビアデース　全くですね。
ソークラテース　されば、君もまたまさにそれらをこそ大勢をも説得出来ることどもは、それらを一人に対してもまた説得出来るのだ。
アルキビアデース　とまれ、それが尤もなことです。
ソークラテース　然るに、それは実にあるわけだ、それらは明らかに君の知っていることどもであるのだと。
アルキビアデース　ええ。

D

ソークラテース　さればただこれだけの分だけで隔たっているのだということなのだね、民衆の中での弁論家からしてこうした交わりの中でのそれは。すなわち、一方は集団としての人々に大して同じことどもを説得するが、他方は一人一人をそうするのだというただそれだけの分だ。
アルキビアデース　恐らくは。
ソークラテース　さあ、その今に、同じ人のことだとして大勢を説得することもかつまた

E

一人をそうすることも現われたからには、この僕において練習して証明することを試み給え、正しいもの時として利あらずだという風に。

アルキビアデース　無茶な方ですねあなたは、ソークラテース。

ソークラテース　この今に、とにかく、されば無茶によって、僕は君を説得しようとしているのだよ、他ならぬ君がこの僕をそうしようと欲してはいないことどもに反対のことどもをだが。

アルキビアデース　さあそこでお語り下さい。

ソークラテース　君はただ答えるだけしてくれ給え、質問されたことどもを。

アルキビアデース　いいえそれは。いや、あなた御自身がお語り下さい。

ソークラテース　しかし、どうなのだ。精々、君は望んでいるのではないか、説得されることを。

アルキビアデース　それは無論、あらゆる仕方で望んでいます。

ソークラテース　さればもしも君がそれらはその通りにありますと語るとするなら、取り分けて君は説得をされてしまってあることになるのではないかな。

アルキビアデース　とにかくこの私にはそう思われます。

ソークラテース　さあそこで君は答えをしてくれ給え。そしてもしも君自身が君自身から「正しきことどもは利するところのあるものなのだ」と聞くことがないのなら、ともかくも

115

他の者が語っていても君は信じ給うな。

アルキビアデース　ええ、それは信じは致しません。いや、私は答えるべきなのですよ。何故なら、また何一つも、思うに害を受けることなどないことでしょうから。

二

ソークラテース　何故なら、君は占いの技がある[17]のだからね。また僕に語ってくれ給え。諸々の正しきことどもを言うのだね、その或るものどもは、一方利益をもたらすが、他方、或るものどもは否だと。

アルキビアデース　ええ。

ソークラテース　けれども、どうだろう。それらの一方のものどもは美しく、他方のものどもは然らずであるのか。

アルキビアデース　どのようにそのことをお尋ねなのですか。

ソークラテース　もし誰かがすでに君には思われたのかどうか、醜いことどもを、一方、行為していると、だが他方、正しいことどもをそうしていると。

アルキビアデース　とにかくこの私にはそれは思われませんでした。

ソークラテース　いやしかし、すべて正しいことどもはまた美しくもあるのだね。

アルキビアデース　ええ。

ソークラテース　だが、どうだろう、あらためて美しいことどもは。どちらであろうか。すべての善きことどもがそうだろうか。それとも、一方、或る善きことどもはそうだが、他方、或るそれらは然らずとだろうか。

アルキビアデース　思います、とまれこの私としては、ソークラテース、美しいことどもの中の或るものどもは悪しくあるように。

ソークラテース　そもそも醜いことどもでも善くあるのだとかね。

アルキビアデース　ええ、そうです。

B

ソークラテース　はたして君はこのようなことどもを語っているのかな。例えば、多くの人たちは戦争において友や或いは身内やを助けた上で傷を受けて死んだ、他方、或る人々はそうすべきだったのに、助けずにいて無事立ち去ったといったようなことどもだが。

アルキビアデース　全くそのようなことどもをです。

ソークラテース　されば、そのような援助を、一方、美しいのだと君は語るのではないか、救うべきだった人々を救うことの試みに即して。他方、そのことは勇気なのだと。それともそうではないのか。

アルキビアデース　そうです。

ソークラテース　だがしかし、とにかく悪いのである、それらの死と負傷とに即しては。そうだろう？

アルキビアデース　そうです。

C **ソークラテース**　されば、はたして勇気は、一方、別のことであり、他方、死は別のことなのだ。

アルキビアデース　全くです。

ソークラテース　して見ると、とにかく同一のことに即して美しくそして悪しくあるわけではないのだ、親しい人々に対して助力することは。

アルキビアデース　それは否だと見えます。

ソークラテース　それならだよ、見てみ給え、とまれそれが美しいその道筋ではまた善くあるのかどうかと。ちょうどそこでもまたそうであるように。何故なら、勇気ということに即して君は美しくあるのだ助力はと同意をする風であったのだから。さればまさにそのもの、勇気、これをよく見てみ給え、善きものなのか或いは悪しきものなのかと。だがこのように見てみ給え。君はまあどちらを受け入れることだろうか、君にとってあることを、善きことどもがであろうか、それとも悪しきことどもがだろうか。

D **アルキビアデース**　善きことどもこそがです。

ソークラテース　されば、最大のが取り分けてではないか。

アルキビアデース　ええ。

ソークラテース　そして最も少なくそうしたことどもから、君はその身を奪われることを

E

受け入れることだろう。

アルキビアデース　どうしてそうではないことがありましょうか。

ソークラテース　されば、どのように君は語るのかね、勇気については。どれ程のことでまあそのものから君はその身を奪われることを承知するだろうかな[18]。

アルキビアデース　生きていることさえこの私は承知することはないでしょう、卑怯者でありながらでは。

ソークラテース　して見ると、諸々の悪の極だと君には思われるわけだ、卑怯は。

アルキビアデース　とまれこの私にはそうです。

ソークラテース　死んであることに等しいのだということだね、どうやら。

アルキビアデース　そう主張します。

ソークラテース　されば死とかつまた卑怯とは、生と勇気に最も反対なのではないか。

アルキビアデース　ええ。

ソークラテース　そうして一方のことどもは取り分けて君にとってあることを君は望むというのであり、他方のことどもは最も少なくて然りだというのだね。

アルキビアデース　そうです。

ソークラテース　はたして、それは一方のことどもを最も善きものだと君が考え、他方のことどもを最も悪しきことどもだと考えるのだということなのか。

アルキビアデース　全くです。
ソークラテース　して見ると、最も善きことどもの中にこそ君は考えるのだというわけだ、勇気はあるのだと。よしんば最も悪しきことどもの中に死はあるのだとしても。
アルキビアデース　とにかくこの私であれば。
ソークラテース　して見ると、戦争の中で親しい人々に対して助力をすることは、それが美しいことであるその道筋でそれは善きことの行為の勇気のそれであるのに即してであるが、美しいものなのだとそれを君は呼んだのだった。
アルキビアデース　とにかく私はそう見えます。
ソークラテース　他方、ともかくも悪しきことの行為の死のそれであるのに即して悪しきものと呼んだのだった。
アルキビアデース　そうです。
116
ソークラテース　されば、このようにしてこそそれらに向っては呼ぶことが正しいのではないか、諸々の行為の各々を。すなわち、苟も悪しきことをそれが作り上げるその道筋ではそれは悪いのだと君は呼び、善きことをそうする道筋ではよくあるのだと呼ぶべきなのだ。
アルキビアデース　とにかくこの私にはそう思われます。
ソークラテース　さればはたして善きことをそうする道筋では善きものなのだ。然るに、悪しきものをそうする道筋では醜いのだ。

アルキビアデース　ええ。

ソークラテース　して見ると、戦争においての親しい人々への助力を一方では美しくあるが他方では黒しくあると語って行く場合には、君は何一つ相違する仕方では語ってはいないのだよ、もしも君がそれは一方では善いが他方では悪いというならばというよりはである。

アルキビアデース　真実のことどもをお語りだと私には思われます。ソークラテース。

ソークラテース　して見ると、美しいことども何一つ、それが美しくあるその限りでは、悪しくはないのであり、更にはまた諸々の醜いものども何一つもそれが醜くある限りには、善くはないのである。

B **アルキビアデース**　明らかに否です。

一二

ソークラテース　なお、それならだよ、このようにしてもまたよく見てくれ給え。立派に行為して人は誰であれよくぞまた行為しているのではないか(19)。

アルキビアデース　ええ。

ソークラテース　だが、よく行為している人々は仕合わせなのではないか。

アルキビアデース　どうしてそうではないことがありましょうか。

ソークラテース　されば彼らは仕合わせなのではないか、善きことどもの獲得の故に。

C

アルキビアデース　取り分けてですね。

ソークラテース　けれども、彼らは獲得するわけだ、それらのことどもを善くまた立派に[20]行為することでもって。

アルキビアデース　ええ。

ソークラテース　して見ると、よく行為することは善きことなのだね。

アルキビアデース　どうしてそうではないことがありましょうか。

ソークラテース　されば立派なのだ、善き行為は。

アルキビアデース　ええ。

ソークラテース　して見ると、同じものであると我々にとって現われたわけだ、もう一度あらためて美しいこととかつまた善きこととは。

アルキビアデース　ええ、現われています。

ソークラテース　して見ると、まあ何をであってもそれを美しいものだと我々が見出すとすれば、またそれを我々は必ずや善きこととしても見出すことであろう、とにかくこの議論からして。

アルキビアデース　それは必然です。

ソークラテース　だがどうだろう。善きことどもは利するのか、それともそうはせぬのか。

アルキビアデース　利します。

D

ソークラテース　されば君は記憶しているだろうか、諸々の正しきことどもについてどのように我々が意見の一致を見たことだったかを。
アルキビアデース　ともかくも私は思いますが、正しきことどもを行為する人々は必然的なのだ、美しいことどもを行為することがということをでした。
ソークラテース　されば美しいことどもを行為する人々は善きことどもをそうするのだということをもだね。
アルキビアデース　ええ。
ソークラテース　他方、善きことどもは利するのであった。
アルキビアデース　ええ、そうです。
ソークラテース　して見ると、正しきことどもは、アルキビアデース、利することどもであるのだ。
アルキビアデース　どうやらですね。
ソークラテース　さればどうなのだ。これらのことどもを君は語った者なのだが、他方、この僕は質問をしていた者であったね。
アルキビアデース　私は見えます、その通りだと、どうやら。
ソークラテース　さればもし誰かが立ち上がりよしまたアテーナイの人々に対してであれペパレートスの(21)人々に対してであれ勧告をしようとするならば、その際、彼は諸々の正しき

117 E

ことどもと不正なことどもとを認識をしていると思ってはいるがだがしかし主張するだろうというのならば、すなわち諸々の正しきことどもは時には悪しきことどもなのだとこうするのだとすれば、君は彼のことを嘲笑することだろうね、苟も君もまた語って同じものなのだ、正しきことどもと利することどもとはとこうするからには。

アルキビアデース いや、神々に誓って、ソークラテース、とにかくこの私は分からないのですよ、私が何と語っているかさえもが。否、何のことはない、私はそっくりなのです、茫然自失の態である者に。何故なら、或る時には、一方、私には異なったことどもが然りと思われるのです、あなたが質問なさっているのにです。だが他方、或る時には別のことどもがそうだと思われるのですからね。

ソークラテース それじゃあ、そのだ、親しい君よ、その心の受動を君は知らないのだね、何であるかと。

アルキビアデース 全くそうなのです。

ソークラテース されば君は思うかな、もし誰かが君に対し君は二つ眼を持っているのかそれとも三つをか、また二つ手を持っているのか四つかとか、その他そのようなことどものの何かを質問したとすれば、或る時には、一方、異なったことどもを、或る時には、他方、別のことどもを答えるだろうと、それとも常に同じことを答えると思うかな。

アルキビアデース 一方では心配してとまれこの私は今や私自身についてはあるわけです

が、思うに、それでも同じことどもを答えます。

ソークラテース　さればそれは君が知っているのだということではないかな。そのことが原因なのだね。

アルキビアデース　とにかくこの私ならそう思います。

ソークラテース　して見ると、その意に反しそれらについて君が反対のことどもを答えるものども、これらについては明らかに君は知ってはいないのだ。

アルキビアデース　とにかくそれが尤もなところです。

ソークラテース　されば諸々の正しきことどもや不正なことどもも、美しいことどもや醜いことどもや悪しきことどもや善きことどもに利することどもについてもまた、回答しながら動揺することを君は言っているのではないかな。それだと明らかではないのかな、それらについては知らないことの故に、その故にこそ君が動揺しているのだということが。

B **アルキビアデース**　とにかくこの私には明らかです。

一三

ソークラテース　さればはたしてこのように事はまたあるわけだな。人が何かを知らないようであればそのものについては必然的なことなのだね、魂が動揺することが。

アルキビアデース　どのようにしてそうではないことがありましょうか。

ソークラテース　さればどうだろう。君は知っているかな、どんな仕方で宇宙へと昇って行くのかを。
アルキビアデース　ゼウスに誓ってとにかくこの私は知りません。
ソークラテース　そもそもまた動揺するであろうか、君の思惑はそれらのものことどもをめぐって。
アルキビアデース　いいえ、恐らくは。
ソークラテース　だがその原因となっていることを君は知っているのかな、それともこの僕が言うとするか。
アルキビアデース　言って下さい。
ソークラテース　それは、君、君が思わないのだということだ、それを知識しているとは、知識してはいないままでいて。

C

アルキビアデース　どのように、あらためて、そのことをお語りなのですか。
ソークラテース　見てくれ給え、君も共同して。君が知識してはいないが君が知識してはいないということを認識していることども、これらをめぐって君は動揺をするであろうか。ちょうど料理の諸々の準備をめぐってということだと、君は君が知らないのだということを知っているのだね。
アルキビアデース　全くその通りです。

D

ソークラテース　さればどちらだろう。自分自身それらをめぐり君は思惑してどのようにして準備すべきなのかと考えて迷うだろうか、それとも君は知識する者に任せるだろうか。

アルキビアデース　その通り、任せますとも。

ソークラテース　だがどうだね。もしも君が船に乗って航海しているとすれば、はたして君は思惑することだろうか、舵を手前に引いたものか外へと押したものかと。そして知ってはいないものだから迷うだろうか。或いは舵取りに任せた上でゆっくりすることだろうか。

アルキビアデース　それは舵取りに任せますよ。

ソークラテース　して見ると、君の知らないことどもをめぐっては君は迷わないわけだ、もし苟も君が知らないのだということを君が知っているならば。

アルキビアデース　どうやら私は迷わないようです。

ソークラテース　されば君は心づいているかな、行為における諸々の過ちもまた次の無知の故によってこそなのだということを、すなわち、知ってもいないというのに知っていると思うことのそれだ。

アルキビアデース　どのように、あらためて、そのことをあなたはお語りなのですか。

ソークラテース　何処かしらこの時にこそ我々は行為を手掛けるのだね、すなわち、我々が何を行為するかを知っていると思っているその時にだ。

アルキビアデース　ええ。

E

118

ソークラテース　だがとにかく何処かしら人々が知っているのだとは思わない場合には、彼らは他の人々に対して委ねるのだ。

アルキビアデース　だが、それがどのように否でしょうか。

ソークラテース　さればそうした人々が知らない人々の中にあっても過つことなく生きるのだ、他の人々にそれらについては任せることの故に。

アルキビアデース　ええ。

ソークラテース　されば誰が過ちを犯す者たちであるのか。何故なら、とまれ知っている人々であれば過ちはしないのだから。

アルキビアデース　ええ、過ちはしません、きっと。

ソークラテース　けれども、知っている人々も知ってはいない人々の中でも彼らが知っていないのだということを知っている人々も過たぬのであるからには、知ってはいなくてだが知っていると思っている人々より他の人々が残るだろうか。

アルキビアデース　いいえ、否、それらの人々こそが残されているのです。

ソークラテース　して見ると、その無智こそが諸々の悪しきことどもの原因であり、また最も非難すべき無学であるのだね。[22]

アルキビアデース　ええ。

ソークラテース　さればそれが最大のことどもをめぐってある場合には、それは最も悪を

B

なし最も醜いのだ。

アルキビアデース　とにかく大いにそうですね。

ソークラテース　さればどうだろうか。より大なることどもを言うことが君は出来るかな、諸々の正しきことどもにそしてまた美しきことどもに善きことどもに利するところあるものどもよりも。

アルキビアデース　いいえ、きっと出来ません。

ソークラテース　さればそれらをめぐっては君は言うのだね、迷っているのだと。

アルキビアデース　ええ。

ソークラテース　だがしかし、もし君が迷っているのであれば、はたして明らかではないのか、先程のことどもからしてただ単に最大のことどもを君が無智なのだというのみならず、更にはまた知ってはいないのに君がそれらを知っていると思っているのだということが。

アルキビアデース　私はきっとそうなのでしょう。

ソークラテース　いやはや全く、して見ると、アルキビアデース、何たる情態を君は受動してあることとか。その情態をこの僕は名づけることは、一方、躊躇うのだが、他方、我々は二人だけがいるだけであれば、言わなくてはならない。何故なら、君は無知と起居をともにしているのだ、いとも優れた君、最も極度のと。とこう、言論が君のことを告訴しまた君が君自身を告訴するわけだけれども。それ故に、また君は、して見ると、すっ飛んで行くわけ

だ、諸々のポリスのことどもに向って教育されるその前に。だがしかし、そのことをただ君
C だけが蒙っているのではない。否、このポリスのことどもの行為をする人々の多くの人々もまたそうなのであり、とまれ少数の人々とまた多分君の後見人のペリクレースを除いてはね。

一四

アルキビアデース　とにかくです、彼は語られているのですよ、ソークラテース、一人でに智者となったのではないのだと。否、多くの智慧ある人々と交わりを持ったのだとです、ピュトクレイデースともアナクサゴラースとも。そしてこの今になおその年齢でありながらダモーンと交わっています、まさしくそのことのために。[23]

ソークラテース　さればどうだろうか。すでに君は或る智者を見たことだろうか、何事にもせよ自らがまさにそれらに関して智者たることに関して他人を智慧ある者とはすることが出来なかったところを。ちょうど君に対して諸々の文字を教えた人は、自らが智慧ある者であったがかつまた君をそしてその他の人々の中でも彼が望んだ者をそうなしたのだったように。そうだろう?

アルキビアデース　そうです。

D **ソークラテース**　されば、君もまた彼の人から学んだ上では他の者を教えることが出来ることだろう。

E

アルキビアデース　ええ。
ソークラテース　キタラ弾きも体育家も同様だね。
アルキビアデース　全くです。
ソークラテース　何故なら、きっと立派な証拠でこのことはあるのだから、何をではあれ知識している人々のであるが彼らが知識しているのだということのだよ、すなわち、他人をもまた知識している者だと彼らが示すことが出来た場合にはということだがね。
アルキビアデース　とにかくこの私にはそう思われます。
ソークラテース　されればどうだろうか。君は言うことが出来るかね、ペリクレースが誰を智者にしたのかを。その息子たちから始めて。
アルキビアデース　だがどうでしょうか。もしもペリクレースの二人の息子は精神薄弱となったのだとすればですよ、ソークラテース。
ソークラテース　いやしかし、クレイニアース、君の兄さんをどうだったかね。
アルキビアデース　だがしかし、何故あらためてクレイニアースのことをあなたはお語りになるのですか。気の狂った人間なのに。
ソークラテース　それならだよ、クレイニアースは、一方、気が狂っており、他方、二人のペリクレースの息子たちは精神薄弱になったというのならば、君のためにはどんな原因を我々は挙げたものだろうか。その故にこそ、君がそうした有様であることを彼が見過ごしているわけだけれども。

アルキビアデース　この僕こそが、思うに、責任があるのです、注意を向けていずにいて。

119 **ソークラテース**　いやしかし、アテーナイ人たちであれ或いは異邦人たちでもあれ彼らの奴隷にせよ自由人にせよ、言ってくれ給え、ペリクレースとの交わりの故により智慧のある者となったのだとの理由づけを持っているその人を。ちょうどこの僕が君に対し言うことが出来るようにだ、すなわち、ゼーノーンの交わりの故にイソロコスの息子ピュトドーロス[24]とカッリアデースの息子カッリアース[25]をだが。彼らの各々はゼーノーンに対しては百ムナを支払って智慧ありかつまた名だたる者になっているわけなのだ。

アルキビアデース　いやしかし、ゼウスに誓って私は言うことが出来ません。

ソークラテース　いいだろう。されば何を君は君自身については心に思っているのかね。今に君がそのあり方であるようにと放っておくことをかね、それとも何かの心の世話をするつもりかな。

一五

B **アルキビアデース**　共同の諮りごとなのですよ、ソークラテース。だがしかし、私は心に思い浮かべているのです、あなたが語っておられた間にも、そして共感をしているのです。何故なら、思われるからです私には、ポリスのことどもを行為している連中は少数の人々を

C

除いては無教育であると。

ソークラテース　そんならだ、一体、何なのだね、その指摘は。

アルキビアデース　もし、一方、何処かしら彼らがちゃんと教育を受けた者たちであったとすれば、彼らと張り合おうとする者は学習をしまた訓練をした上で赴くべきだったことでしょう、ちょうど競技者たちに向って行くのだというように。だが実際にはこの連中もまた素人のあり方のままにポリスのことどもへと向いはや進んで行ってしまっているのであれば、何故に訓練したり学んだ上で面倒を持つ必要などありましょうか。何故なら、この私はよく承知しているのですから、この連中に比べたらとにかくその自然本来の素質においてずっと多く凌駕してあるだろうということを。

ソークラテース　いやはやこれは、何てこととして、いとも優れた君よ、それを君は口にしたことなのか。その容姿にまたその他の君に備わってあることどもに、何と相応しくないことを。

アルキビアデース　何を取り分けて、そして何に向ってこそそのことをお語りなのですか、ソークラテース。

ソークラテース　僕は悲憤慷慨さ、君のためにもかつまたこの僕の恋のためにも。

アルキビアデース　一体、どういうことですか。

ソークラテース　それはもしも君が至当だとしたならばということだよ、その競いが君にとってはこの地の人々に向ってあるのだとね。

アルキビアデース　いやしかし、それは誰たちに向ってこそなのです、実際。

D **ソークラテース**　相応しいことだ、とにかくそのことを尋ねることは、気宇壮大だと自負している男がねえ。

アルキビアデース　どのようにお語りなのです。彼らに向っては私に競技はないのですか。

ソークラテース　いやしかし、もし君が三段橈船の海戦をまさにせんとしているのを操縦することを思っているのだとすれば十分であったろうか、君にとって船乗り仲間たちの間で舵取りのことどもに関してで最優秀であることが。それともそれらのことどもは先ずは君は基本的になくてはならぬことなのだ思い、他方、その眼差しを真実の意味で競い合う人々の方へと向けて、否、この今にそうしているように一緒に競っている人々の方へとは向けないことだろうか。この人々に比較しては、恐らく、君はかくも凌駕していてそこでまた彼らが
E 張り合ってみようなどということを至当だともせず、否、彼らは軽く扱われた上で君とともに敵どもに向ってともに競うことをこそ至当だとする程でなくてはならないのだ。もし実にとにかく真実にも美しい何かの仕事を君が示そうと心に思っているのなら。そして君自身とかつまたそのポリスとに至当な仕事をね。

アルキビアデース　いやしかし、先ずはそこは私はそう思っておりますとも、ともかくも。

ソークラテース　全く君には、して見ると至当だったのだ、満足することがだよ、もしも

120

兵卒どもよりは君が優れているのだとするならね。否、取り組み相手の人々の指導者たちに向って一体君は彼らよりはより優れた者ともなっていることかどうかを見ないとしてもだよ。その際、よくよく見そして訓練することを彼らに向ってとはせずにいてだ。

アルキビアデース　しかしながら、誰をその人たちなのだとあなたはお語りなのですか、ソークラテース。

ソークラテース　君は知らないのかね、我々のポリスはラケダイモーンの人々とかつまたペルシアー大王と戦争しているのであることを、その折々に。

アルキビアデース　真実のことどもをお語りです。

一六

ソークラテース　さればもしも苟も君がその頭にはこのポリスの指導者たらんとの考えを持っているのであれば、君はラケダイモーンの人々の王たちやペルシアーの人々のそれらに向って競いは君にとってはあるのだと考えていてこそ、君は全うに考えたこととなるのではなかろうか。

アルキビアデース　恐らくあなたは真実のことどもをお語りでしょう。

B

ソークラテース　いいや、結構な人、君よ、いや、鶉叩きのメイディアース[26]やその他そうした連中の方を向いて眼を遣らなくてはならんのだ——彼らはポリスのことどもに手を出すのだが未だ奴隷の、とこう女たちは言うのだけれど、無教養によって髪を[27]魂の中には持っていながらそして未だこれを投げ去ってはいないでいて、他方、未だ碌にちゃんとした言葉もしゃべることが出来ないでいて進み出てしまっているというのだ、ポリスに諂いながら、否、支配しようというつもりでもなくて――これらの手合いに向ってこそ君は、まさにその連中をこそ僕は語っているのだが、眼を遣りながら君自身のことは等閑りにしなくてはならないわけさ。そして学問に絡む限りのこどもを学ぶこともそれ程の競いを競おうとまさしくして
C いるのにせず、訓練を必要とする限りのことどもの訓練をすることもなく、かつ一切の準備を準備してしまってそのようにして国事に赴くことなどしないことだね。

アルキビアデース　いやしかし、ソークラテース、先ずは確かにあなたは思われます、私には、真実のことどもをお語りだとは。とは言え、私は思うのですが、ラケダイモーンの人々の将軍たちもかつまたペルシアー人たちの王だっても何一つ他の者たちと変るところはないのだと。

ソークラテース　いやしかし、いと優れたる君よ、思いのそいつをよくよく見てみ給え、どのようなものとして君が持っているのかを。

アルキビアデース　何についてでしょうか。

D **ソークラテース**　先ずは第一にどちらの仕方で君は思うことかな、君自身を一層構うことを。彼らを恐れかつまた手強いと思いながらだろうか、それともそうではなくてだろうか。

E

アルキビアデース　明らかに、もしも彼らを手強いのだと私が思うならばですよ。
ソークラテース　さればまさか君は思うまいね、何か害を受けることだろうなどとはだよ、君自身を構ってね。
アルキビアデース　決してそんなことは。いや、思います、また大きなことどもを裨益をされることだろうと。
ソークラテース　されば先ずは一つその点に関してそれ程の悪を、思いのそいつは持っているのだよ。
アルキビアデース　真実のことどもをお語りです。
ソークラテース　第二のことは、それならだよ、その思いは虚偽でもあるということだ、よく見てみれば尤もなことどもからしてね。
アルキビアデース　一体、どのようにしてよく見るというのですか。
ソークラテース　どちらだろう尤もらしくあるのは、より優れた素質が生ずるのは諸々の気高い生まれにおいてであろうか、それとも然らざる生まれにおいてだろうか。
アルキビアデース　それは明らかに気高い生まれにおいてこそです。
ソークラテース　さればよく素質を得てある者たちこそは、もしまたよく養育されるならば、そのようにして徳へと向って完璧な者となることがそうではないかね。
アルキビアデース　それは必然です。

一七

121

ソークラテース　さあそこで我々はよく見てみようではないか、彼らのことどもに我々のことどもを突き合わせ、先ず第一には思われるのかどうか、より劣った種族に属してあるのだとラケダイモーンの人々のまたペルシアーの人々の王たちがだ。それとも我々は知らないのか、一方の王たちはヘーラクレースの他方の王たちはアカイメネースの子孫たちであり、他方、ヘーラクレースの種族もそしてまたアカイメネースのそれもゼウスの子のペルセースへと遡るのだ(28)というようには。

アルキビアデース　そうして、ともかくもして見ると、我々の種族は、ソークラテース、エウリュサケースへと遡るの(29)であり、他方、エウリュサケースのそれはゼウスへと然りなのですよ。

ソークラテース　またとまれして見ると、我々の種族は、生まれ気高いアルキビアデース、ダイダロスへと遡って(30)、他方、ダイダロスはゼウスの息子のヘーパイストスへと遡るのだ。だが、彼らの種族たちは、一方、彼らから始めて王からして王でゼウスに至るのであって、一方の王たちはアルゴスとラケダイモーンのそれであり、他方の王たちはペルシアーのそれで常にあり、他方、しばしばアジアのそれでもあるわけだ、ちょうどこの今にもそうであるように。この我々は、他方、自らが平民でそしてまた父たちがそうなのだ。他方、もし祖先たちをも君がまたエウリュサケースの母国サラミースを或いはなおそれに先立つアイアコス

B

の母国アイギナ[31]などをクセルクセースの息子のアルトクセルクセース[32]に示さねばならないと
すればどれ程の笑いを買うと君は思うことだろうか。いや、君は見給え、我々は種族の威厳
においてもそしてまたその他の養育においても劣勢に置かれているのではないのかと。それ
も君は気づいてはいないのかな、ラケダイモーンの人々の王たちにとってどのように大きな
ものとして基礎的な備えがあるものなのかを。彼らの妻たちは公にエポロイ（監督官）たち
C によって見守られているのであり、そこでは王権へと密かにヘーラクレースの子孫たちより
以外の者から王が誕生することがないようにと諮られているのだ。だがしかし、ペルシアー
人たちの王はかくの如くにも上を行くのであって、そこではまた誰一人として疑念を抱きは
しないのである、王その人よりも他の者から王が生まれたのではないかといったようなだね。
それ故に王の妻はただ見張りをされるのである、恐怖によってのみで。だが、一旦、長子が
誕生するや、その時こそそのでその始めはあるのだが先ず第一に王の宮廷にいるすべての者が
D 祝いを祝うのである、彼らを王は支配しておるのであるが、次いではその他の時にかけては、
その日に王の誕生の馳走を捧げまた祝うのだ、全アジアが。然るに、我々が生まれたからと
言って、喜劇作家の言い種だが、隣の人たちさえもすっかりと何の気づくことさえないのだ、
アルキビアデース。その後、育てられるのである、王子は、取るに足らぬ身分の乳母などの
女よってではなく、否、宦官たちの王の回りにいる者たちの中でも最も優秀だと思われる者
たちにより養育されるのである。彼らにはその他にも諸々生まれた者のことを世話すること

E 122 B

が課されているのではあるが、どのようにかして出来るだけ美しく王子があるようにと工夫することがまた特にそうなのであって、そこで彼らは王子の四肢を形成し矯正するのである。そしてそれらのことどもを遣り遂げて行くので彼らは大きな名誉に浴するのだ。だが、王子たちが七歳になると馬どもへまたそれらの教師たちへと通い、いろいろの狩猟へと行くことを始める。十四歳に王子がなると彼らが王室の子供掛りと名づける人々が引き取って行く。ペルシアー人の中でも最優秀だと思われる成年の四人が選任されるのだ。すなわち、最高に智慧のある者、最高に正義の士、最高に節度ある者、最高に勇気の人である。彼らの中で或る者はホーロマゾスの息子であるゾーロアステールの[33]神学を教え——だが、実にあるのである、それは神々に対する儀式として——他方、教えるのだ、王の道のことどもを。他方、最高の正義の士は生涯を通じて真実を語ることを教え、他方、最も節度ある者は諸々の快楽の中の一つによってさえ支配されぬことを教えるのだ、自由人でそして真実の仕方で王たるべく自らを習熟させ、その際、自己自身の中にあることどもを第一に支配して奴隷とはならないためである。他方、最も勇気ある人士は王子を恐れることのないそして豪胆な者に準備するのだが、それは彼が恐れる場合には奴隷なのだと考えてのことである。だが、君のためには、アルキビアデース、ペリクレースは付けたのだよ、子供掛りを召使らの中でも老齢によって最も役立ずの、トラキアー生まれのゾーピュロスをだ。[34]だが、私は詳らかにして行ったことだろう、競争の相手である者たちのその他の養育にかつまた教育をもまた、もしそれが大仕事ではなくそして同時にそれらのことどもがそれらに続く限りの他のことどもをもまた明らかにするに十分ではなかったとしたらね。だが君の出生のことも、アルキビアデース、養育のことも教育のことも、或いはアテーナイの人々の中の他のどんな人のことでもあれ、言わば誰一人にとっても気にはならないのだよ、もし君を恋する者がたまたま気にするのだというのでなければね。

C

他方、あらためて君が諸々の富へまた贅沢へ、数々の衣装に上着の引き摺りにかつまた香料の塗布、そしてお供の者たちの多数の随行やその他の贅沢のペルシアー人たちのそれに眼差しする気になるとすれば、君はきっと恥かしく思うことだろう、君自身の身の上を君は感知するのだ、君がどれ程を欠いているかと。

一八

D

他方、あらためて眼差しを遣る気になって、思慮の健全にかつまた秩序正しさに、我慢に満足に、度量に責任感に、勇気に忍耐に、骨身を惜しまないあり方に、名誉に対する愛、これらがラケダイモーンの人々のものであるのに対し見入るとすれば、子供だと君は君自身を考えることだろう、それらのすべての点で。他方、あらためて何かのことを富に向っても意を用いそしてその点で君が何者かであると思うとすれば、そのこともまた我々にとっては言わずに置くべきことではないとせねばならぬ。もしもどうとかして君が君があるところに

気づくのであれば。何故なら、先ずこのことはもし君がラケダイモーンの人々の諸々の富へ
と見入る気になるとすれば、君は認識をするからだ、大いにこの地のものは彼の地のものに
欠けているのだと。何故なら、一方、大地の彼らが彼ら自身のそれとしてもメッセーネー(35)の
それとしても持っているのを、この地の人々の誰一人も異議を差し挟みはしないことだろう
からだ、その広大の点でも肥沃の点でも。更にはあらためて奴隷の所有、取り分けヘロット(36)
E （ヘイロース）のそれも更には、実際、とにかく馬どものそれも更にメッセーネーで牧畜を
されているその他の家畜である限りにしてもそうなのである。いやしかし、一方、それらの
すべてはこれを私は放っておくことにするけれど、他方、金や銀は全ギリシアーにおいては
ラケダイモーンで私的にある限りがありはしないのだよ。何故なら、多大の世代に渡って、
一方、流入しているからである、そこへと全ギリシアーから、他方、しばしば諸々の異邦人
123 のところからもまた。然るに、何処へも出て行くことはしないのである。何のことはない、
アイソープス（イソップ）の物語り、つまり狐がライオンに向って言ったそれに即して、
ラケダイモーンへの貨幣の流入の足跡は、一方、そちらへと向けられてしまっていて明らか
だが、他方、出て行く方のそれは何処にも人は見ることがない具合なのだ。そこでまたよく
知らなくてはならぬのだ、金でも銀でも彼の地の人々こそがギリシアー人たちの中では最も
富んでいるのであり、彼の人々自身にあっては王がそうなのだ、と。何故なら、そうした者
B どもから最大でまた最も多い分け前は王にとってであり、なお、他方、王の貢もまた些少なら

ざるものが生じていて、それをラケダイモーン人たちは王たちに支払っているのである。

そして、一方、ラケダイモーンの人々のことどもは、一方、諸々のギリシアーの富に対比
してであれば大ではあるものの、他方、諸々のペルシアーの富や彼らの王のそれに対比すれ
ば無なのである。とは、何時かこの僕は聞いたということなのだ、王の許へと上った人々の
中の信ずるに価いする人からして。彼は言っていたのだ、彼は全く広大で素晴らしい土地、
一日の行程程の土地を過ぎたのだが、その土地を土地の人々は王妃の帯と呼ぶのだったと。
C 他方、その他のそれをまたあらためてヴェールと呼ばれる土地がまたあり、そしてその他の
沢山の場所の見事でよいそれらが王妃の装身具へと選び出されてあり、そして場所の各々は
装身具の各々から名前を持っていたのだと。そこでまた思うのだよ、この僕は。もし誰かが
王の母、クセルクセースの妻のアメーストリスに対しあなたの御子息に対してデイノマケー
の息子が挑戦する考えでおります。彼女には装身具が、多分、よし精々高くとも五十ムナの
値打ちであって、他方、彼女の息子には土地の三百プレトロンでさえないのがエルキアイに[37]
D あるのですが、とこう言うようなことがあるとすると、きっと奇異に思うことだろうとね。
一体、何を頼りにしながらそのアルキビアデースなる男はアルトクセルクセースに争うこと
を考えているのかと。そして、思うに彼女は言うことでしょう、何の他のものを頼りにして
もその男は企てることはあり得ないのだ、訓練と智慧とを除いては。何故なら、ただそれら
のみが語るに足るものなのだから、ギリシアーでは、とこうね。とはもしもとにかく彼女が

アルキビアデースなるその者はこの今に企てているけれども先ず、一方、年齢は未だ二十歳
E になってもいず、それから全くもって無教養の者であり、他方、それらに加えて彼に対する恋人が語って、第一に学びまた自らに気をつけて練習をした上でそのようにして王に対して競争するに進むべきだとこう言ってもその気にならず、否、彼のあるがままでも足るのだと主張するのだと聞くとすれば、思うに、彼女は驚きかつまた尋ねることだろうということだ。されば何であるのか、一体、それを若者が頼みにしているものとはと。さればもしも我々が美にかつまたその大、生まれと富と魂の素質をだと語るとすれば、彼女はきっと考えることだろう、我々を、アルキビアデース、狂っているとだよ、彼らの許にあるすべてのそうしたものを見遣った上でね。

124 　他方、私は思うが、ランピドー、レオーテュキデースの娘、アルキダマースの妻、アギスの母、彼らはすべて王たちとなったのだが、彼女もまた(38)きっと驚くことだろうと、彼らの許にそもそも備わってあるものどもを見遣った上でね。もし君が彼女の息子とそのように悪しく導かれてあるのに勝負をしようという考えでいるとすればだ。しかし、恥ずかしいことだと思われないかな、もし敵方の女性たちの方が我々についてどのような者としてありながら彼らに対して企てるべきかをよりよく考えてくれているのであればね、この我々が我々自身についてそうするよりも。否、至福の君よ、この私とそしてまたデルポイの碑銘に従って、
B 汝自身を知れだ。この人々こそが我々にとって取り組み相手であり、否、君が思っている人々

ではないのだということでね。この人々に対しては、一方、他の何一つでもってしても我々は立ち勝ることはよもやあるまい、もしもとにかく練習と技術でもってでないとしたならだ。この人たちから君がもし置き去りにされるとすれば、名のある者となること、ギリシアーでそしてまた異国においてなることからも置き去りにされることだろう。そのことこそを君は如何なる他の者も恋することがないように恋しているのだと僕には思われるけれどもね。

一九

アルキビアデース　そう致しますと、どんな気のつけ方を、ソークラテース、私はすべきなのでしょうか。お話しして戴けますか。何故なら、何にも増してあなたは真実なことどもをお語りのようですから。

C **ソークラテース**　そうだとも。いやしかし、共同のものだからさ、相談は。どんな仕方でもってならまあ我々が最も優れた者となり得るだろうかとは。何故なら、この僕はだよ、君、一方、君については教育されねばならぬと語っているが、他方、この私にはついては語ってはいないのだというわけではないだからね。何故なら、あるわけではないからだよ、それでもって君から僕が隔たるのは、とにかく一つのことでもってよりを除いては。

アルキビアデース　何でもって隔たっておられるのでしょうか。

ソークラテース　後見役のこの僕の御方は一層優れまたより智慧深くてあられるのだよ、

ペリクレースという君のそれよりもね。
アルキビアデース　どなたですか、その御方は、ソークラテース。
ソークラテース　神様だよ、アルキビアデース。この御方こそが君に対しては僕をお許しにはならなかったのだ、今日この日の以前には言葉を交わすことを。この御方に信を置いてこそ僕は語っているわけだ、顕現はこの僕を通してより以外の誰一人他の人を通してはないであろうと。
D **アルキビアデース**　御冗談を、ソークラテース。
ソークラテース　多分ね。とは言うものの、僕は語っているのだよ、真実を。気をつける必要が我々はあるのだとは。むしろ先ず万人がそうだけれど、それでもとにかく我々二人はまた大いに強くそうなのだ。
アルキビアデース　先ずこの私がそうだということは、嘘を仰有ってはおられません。
ソークラテース　しかし、実際、とにかくこの僕がそうだということもそうさ。
アルキビアデース、だと、何を我々としてはしたものでしょうか。
ソークラテース　我々は打っ遣ってはならぬし心掛けてもいけないのだ、友よ。
アルキビアデース　それは本当にとにかく適したことではありませんよ、ソークラテース。
ソークラテース　適してはいないからね。否、よく見てみなくてはならぬのだ、共同して。
E また僕に語ってくれ給え。何故なら、実に我々は言っているのだからね、出来る限り優れた者になることを望んでいるのだと。そうだね。

アルキビアデース　ええ。

ソークラテース　どんな優秀さなのかね。

アルキビアデース　明らかに、まさしくその優秀さに関して男子の善き人々がまさに然るべきそれです。

ソークラテース　何に関して善き人々なのかね。

アルキビアデース　明らかです、事柄を行為して行くことに関してだとは。

ソークラテース　どのような事柄なのかね。はたして馬事に関する事柄だろうか。

アルキビアデース　いいえ、決して。

ソークラテース　何故なら、それなら馬の心得ある人々の許へと我々は行ったことだろうからね。

アルキビアデース　ええ。

ソークラテース　いやしかし、航海に関したことどもを君は語っているのかな。

アルキビアデース　いいえ。

ソークラテース　何故なら、それなら航海に関して心得のある人々の許へと我々は行ったことだから。

アルキビアデース　ええ。

125

ソークラテース　しかし、それはどのようなことどもなのかね。それらを如何なる人々が行為しているのかね。

アルキビアデース　まさにそれらをこそアテーナイ人たちの中でも美にして善なる人々が行為しているそれです。

ソークラテース　だがしかし、美にして善なる人々とは思慮のある人々を君は語っているのかね、それとも無思慮の連中をだろうか。

アルキビアデース　思慮のある人々をこそです。

ソークラテース　さればそれに関して各々が思慮のあるそれに関してよくあるのだね。

アルキビアデース　ええ。

ソークラテース　だがしかし、それに関して無思慮であるものには、彼は劣等なのだ。

アルキビアデース　どうしてそうではないことがありましょうか。

ソークラテース　さればはたして皮職人は履物の製作には思慮があるのだね。

アルキビアデース　全くですよ。

ソークラテース　して見ると、彼はそれらにかけては善き人なのだ。

アルキビアデース　善き人です。

ソークラテース　しかし、どうだろうか。衣服の製作にかけては無思慮なのではないか、皮職人は。

B

アルキビアデース　ええ。
ソークラテース　して見ると、そのことにかけては悪しくあるわけだ。
アルキビアデース　ええ。
ソークラテース　して見ると、同じ人がとにかくその議論でもっては悪しく、ありかつまた善くあるわけだ。
アルキビアデース　明らかにそうです。

二〇

ソークラテース　さればそもそも君は語るのかな、善き男たちがまた悪しくあるのだと。
アルキビアデース　いいえ、決して。
ソークラテース　しかしながら、一体誰を善き人々なのだと君は語るのかね。
アルキビアデース　有能な人々をこそとにかくこの私は語るのです、ポリスにおいて支配することにかけて。
ソークラテース　きっととにかく馬たちを支配するというのではないのだね。
アルキビアデース　いいえ、決して。
ソークラテース　いやしかし、人間の支配なのだね。
アルキビアデース　ええ。

C

ソークラテース　はたして病気をしている人間たちの支配だろうか。
アルキビアデース　いいえ。
ソークラテース　しかし、航海をしている人間たちのだろうか。
アルキビアデース　そうは私は言いません。
ソークラテース　刈り取り仕事をしている人間たちのかね。
アルキビアデース　いいえ。
ソークラテース　けれども、何一つしてはいない人々の支配なのかね、それとも何かはしている人々のそれであるのか。
アルキビアデース　している人々こそのです。
ソークラテース　何をだね。努めてくれ給え、この僕にも明らかにすることを。
アルキビアデース　されば自らのために寄与し相互に交わって行く人々の支配ではないのですか、ちょうどこの我々が諸々のポリスにおいて生きて行くように。
ソークラテース　されば君は人間たちを支配することを語るわけではないのか、人間たちと交わって行っているその人間たちのだ。
アルキビアデース　ええ、そうです。
ソークラテース　はたして漕ぎ手たちと交わる甲板長らの支配を語るのかな。
アルキビアデース　いいえ、決して。

D

ソークラテース　何故なら、とにかくそれは船長のこととして卓越なのだからね。
アルキビアデース　ええ。
ソークラテース　とは言え、君は人間たちの笛吹きたちである者を支配することを語っているのかな、彼らは歌のことで人々を先導しコロスたちと交わっているわけだが。
アルキビアデース　いいえ、決して。
ソークラテース　何故なら、コロスの総指揮の卓越でとにかくそのことはあらためてあるのだからね。
アルキビアデース　全くです。
ソークラテース　いやしかし、一体何として君は語っているのかね、人間たちと交わっている人間たちを支配することが出来ることをだ。
アルキビアデース　とにかくこの私であれば国制を共有し相互に寄与し合っているそれらの人々の、ポリスの内にある人々を支配することを語っているのです。

二一

ソークラテース　されば何であるのか、その技術は。ちょうどもし君に僕がもう一度今し方のことどもを尋ねるとすればといったようなことだよ。曰く、航海を共同している人々の支配の仕方をどんな技術が知識させるのか、と。

アルキビアデース　それは操舵の技術です。
ソークラテース　歌を共同している人々を、とこう今し方に語られていたわけだけれども、如何なる知識が(39)支配をすることをさせるのであるか。
アルキビアデース　まさにそれをあなたが先程にお語りだったもの、コロスの指揮のそれです。
ソークラテース　国制を共同している人々のだとしては、どんな知識を君は呼ぶのかな。
アルキビアデース　よく諮ることをです、ソークラテース。
ソークラテース　だがどうだろうか。まさか無策であるとは思われぬだろうね、船長たちの知識は。
アルキビアデース　いいえ、決して。
ソークラテース　否、良策なのだね。
アルキビアデース　とまれ私にならそう思われます、とにかく航海する人々を安全に保つことにかけて。
ソークラテース　言やよしだ。だがどうだろうか。それを君が良策と語っているものは、何にかけてなのかな。
アルキビアデース　ポリスを隅々まで斉え安全に保つことにかけてです。
ソークラテース　だがしかし、ポリスがよりよく斉えられ安全に保たれることと君は言うが、それは何が備わり何が離れ去るその場合であるのか。それはちょうどもし君が僕に尋ねるとすればといったようなことだ。すなわち「よりよく身体が整えられ安全に保たれるとお語りですが、何が備わり何が離れて行く場合にでしょうか」とこう。恐らくは、僕はきっと言うことだろう、健康が一方で備わり他方で病気が離れて行くとすれば、とこう。君もまたそのように思うのではないか。

B **アルキビアデース**　ええ、そう思います。

ソークラテース　そしてもし僕に君が尋ねたとする、「何が備わるならよりよく眼はなるのですか」とこう。恐らく同様に私は言うことだろう、一方で視覚が備わり他方で盲目がなくなるならばとこう。また耳も難聴が一方では去り他方で聴覚がそのうちに生ずるなら、よりよくなりよりよく世話をされているわけだ。

アルキビアデース　全うにお語りです。

ソークラテース　だがさあそこでどうなのだ。ポリスは何が備わりまた亡くなるならよりよくなりかつまたよりよく世話をされそして隅々まで斉えられているのであるか。

C **アルキビアデース**　この私にとっては、先ず思われます、ソークラテース、一方、友愛は人々にとり相互に対して生じ、他方、憎むことと党派争いをすることは亡くなって行く場合にはだと。

ソークラテース　されば友愛とは考えの一致をこそ君は語るのかね、それともその分裂をだろうか。

アルキビアデース　一致をこそです。

ソークラテース　さればどんな技術の故に考えを一致させるのだろうか、諸々のポリスは諸々の数をめぐっては。

アルキビアデース　数学の技術の故にです。

ソークラテース　だがどうだろう、私人たちは。同じ技術の故にではないか。

アルキビアデース　ええ。

ソークラテース　さればまた自らが自らにとってもそうなのだね、各々の人が。

アルキビアデース　ええ。

D

ソークラテース　だが、どんな技術の故にめいめいは自らが自らに対し考えを一致させるだろうか、手幅尺と腕尺とについてどちらがより大きいかという問いに関して。測定の技術の故にではないのか。

アルキビアデース　それに決まっています。

ソークラテース　されば私人である者たちもだし、諸々のポリスもではないか。

アルキビアデース　ええ。

ソークラテース　ではどうだろうか。重さについて同様なのではないか。

アルキビアデース　はい、肯定します。

ソークラテース　だが、さあそこで君がそれを考えの一致だと語るものは一体何であり、また何についてであるのかね。そしてどのような技術がその一致を準備するのか。またそれこそがポリスのために準備するそれはまた私人のためにも自分自身に向ってかつまた他人に向って生じさせるのであろうか。

アルキビアデース　とにかくそれがありそうなことなのですよ。

E

ソークラテース　さればそれはどんな技術であるのか。決して答えに辟易し給うな。いや、言うべく努め給え。

アルキビアデース　この私は先ずは思っているのです、友愛にかつまた考えの一致をそれに関してこそ父が息子を愛しつつ考えを一致させかつまた母がそうし、そして兄弟が兄弟と妻が夫とそうするそれをこそ語ることを。

二二

ソークラテース　されば君は思うだろうか、アルキビアデース、夫が妻と毛糸紡ぎの仕事について考えを一致をさせることが出来るのだとだ、知識なき身で知識ある妻とだよ。(40)

アルキビアデース　いいえ、決して。

ソークラテース　とまれ、何一つ必要でさえないのだ。何故なら、女性のことだからね、とにかくその学びなら。

アルキビアデース　ええ、そうです。

ソークラテース　だがどうだろうか。妻が夫と武術について考えを一致させることがあり得るだろうか、学ばないでいてだよ。

アルキビアデース　いいえ、決して。

ソークラテース　何故なら、男のことなのだととまれそのことなら、多分、君は言うことだろうからね。

アルキビアデース　とまれ、この私なら。

ソークラテース　してみると、実にあるわけだ、一方は女性の他方は男性の学びものなのだと、君の議論に即して。

アルキビアデース　どうしてそうではないことがありましょうか。

ソークラテース　して見ると、とにかくそれらにおいては考えの一致は妻たちにとっては夫らに向ってはないのだ。

アルキビアデース　ええ、ありません。

ソークラテース　して見ると、友愛もまたないのだ、苟も友愛は考えの一致だとすれば。

アルキビアデース　否だと見えます。

ソークラテース　して見ると、女たちは彼女ら自身のことどもを遣っているその道筋では男たちによっては愛されないわけだ。

B **アルキビアデース**　否というところでしょうか。

ソークラテース　して見ると、男たちもまた女たちによっては愛されないのだ、彼ら自身のことどもを遣っている道筋では。

アルキビアデース　愛されません。

ソークラテース　して見ると、その道筋でよくは住まわれてもいないのであるか、諸々のポリスは、各々の人々が自らのことどもを遣って行っている場合には。

アルキビアデース　思いますよ、とまれこの私はよく住まわれていると、ソークラテース。

ソークラテース　どのように君は語っているのかね、友愛がそこにはない時にさ。我々は言っておったのであった、それが内に生じてこそよく諸々のポリスは住まわれるのであり、他の仕方では否なのだと。

アルキビアデース　いやしかし、私には思われるのです、このことに即してもまた人々には友愛がその内に生ずるのだと。つまり、自分自身のことどもを各人が遣って行ってということですが。

C **ソークラテース**　先程にはとにかくそうじゃなかった。だがしかし、この今はどのようにあらためて君は語るのだというのだろうか。考えの一致がなくても友愛はその内に生ずるのかね。それとも考えの一致は内に生ずることが出来るのかな、一方の人々が他方の人々はそれらについて知っているが他方の人々は知ってはいないことどもの。

D

アルキビアデース それは不可能です。

ソークラテース しかし、正しいことどもを人々は行為しているのかね、それとも不正なことどもをだろうか、自分自身のことどもを各人が行為するという場合。

アルキビアデース 正しいことどもをこそです。どのようにしてそうではないことがあるでしょうか。

ソークラテース されば正しいことどもをポリスにおいて行為して行きつつあれば、そうした市民たちの友愛は相互に向ってその内に生じないのであるか。

アルキビアデース それはまたあらためて必然であると思われるのです、ソークラテース。

ソークラテース されば一体何として君は友愛或いは考えの一致を語っているのであるか、それについてこそこの我々は智慧がありかつまた良策を持つ者でなければならない、我々がよき男たちであるためにはというそれを。何故なら、僕は学ぶことが出来ぬからだよ、それが何であるのかも誰の中にあるのかも。何故なら、一方、或る時には同じ人々の中にあるのだと見え、他方、或る時にはそうは見えないのだかね、君の議論からしてねえ。

一二三

アルキビアデース いやしかし、神々に誓って、ソークラテース、自分自身また私が何を語っているのか分からずにあるのです。しかし、恐らくは私は最前からも私自身に気づかれないままでいたことでしょう、最も恥ずかしいあり方でありながらにもです。

ソークラテース　いや、心強くありたいもの。何故なら、もしも、一方、君がそのことを身に蒙っているのを五十歳の年齢で感知したのだとすれば、きっと困難だったことだろうよ、君にとって君自身に気をつけることは。だが実際には君が年齢として持っているそれは、そこにおいてそのことを感知せねばならぬものなのだからね。 E

アルキビアデース　されば何をその感知した者はすべきなのですか、ソークラテース。

ソークラテース　答えることだよ、質問されたことどもに対してはね、アルキビアデース。そしてもしもそのことを君がなすなら、神の思し召しがあるその限りもし何かしらこの私の占いにも信じなくてはならぬのだとすれば、君もかつまたこの僕もよりよいあり方をきっとすることになるだろう。

アルキビアデース　それらのことどもはきっとあることでしょう、とまれこの私が答えるためにであれば。

128 **ソークラテース**　さあここ、ここが肝要。何事なのかね、自らに気をつけることとは——しばしば我々はすっかり忘却してはいないのかな、我々自身に気をつけずにありながらにも。だが気をつけているのだと思い込んでいてだ——そして何時、して見ると、そのことをしているのであるか人間は。はたして自らに属することどもに気をつけている場合には、その時には自己自身にもそうしているのであるか。

アルキビアデース　とにかくこの私には、さればそう思われますが。

ソークラテース　だがしかし、どうであろうか。両足のことを人は何時かしら気をつけているね。はたしてそれは両足に属したところのもの、そのものに彼が気をつける場合なのか。

アルキビアデース　理解が出来ないのですが。

ソークラテース　だがしかし、君は言うね、何かが手のそれであると。例えば指輪であるが、これは指より他の何かのものの所属だろうか、人間の持っているものの内でだが。

アルキビアデース　いいえ、決して。

ソークラテース　さればまた足のだとして履物が同じ仕方であるわけではないか。

アルキビアデース　ええ。

ソークラテース　そして上着と布団などが他の身体ので同じようにしてあるのだね。

アルキビアデース　ええ。

ソークラテース　さればはたして諸々の履物を我々が気をつけているといった場合には、その時には両足のことに我々は気をつけているのであるか。

アルキビアデース　全くとは私は理解しないでおります、ソークラテース。

ソークラテース　だがどうだね、アルキビアデース。全うに気をつけることということを何らかのこととして君は呼ぶだろうか、どういった事柄をであれだが。

アルキビアデース　とにかくこの私であれば。

B

C

ソークラテース　さればはたして人が何かをよりよくする場合には、その時には、全うなものとしてその世話を君は語るのかね。
アルキビアデース　ええ。
ソークラテース　さればどんな技術が履物をよりよく制作するのか。
アルキビアデース　靴屋の技術です。
ソークラテース　して見ると、靴屋の技術により諸々の履物の世話を我々はしているわけだね。
アルキビアデース　ええ。
ソークラテース　そもそも足の世話もまた、靴屋の技術でもってだろうか。それとも両足をそれでもって我々がよりよくするその技術でもってだろうか。
アルキビアデース　その技術でもってです。
ソークラテース　だがしかし、よりよく両足をとは、それでもってまたその他の身体をもそうするその技術でだというのではないか。
アルキビアデース　とまれ、この私にはそう思われます。
ソークラテース　だがしかし、それは体育術ではないのか。
アルキビアデース　なかんづくそうです。
ソークラテース　して見ると、体育術により、一方、足を我々は世話するが、靴屋の技術

D

でもって、他方、足に属するものどもの世話をするのだね。
アルキビアデース　全くです。
ソークラテース　そして、体育術でもって、一方、諸々の手を世話し、他方、指輪制作の技術でもって手に付属するものどもの世話をするのだ。
アルキビアデース　ええ。
ソークラテース　また体育術でもって、一方、身体を世話するけれど、他方、機織の技術やその他諸々の技術でもって身体に付属するものどもの世話をするのだ。
アルキビアデース　全くもってその通りです。
ソークラテース　して見ると、別の技術により各々自身を我々は世話し、他方、別の技術でもってそれに付属をするものどもを世話するのだ。
アルキビアデース　明らかに。
ソークラテース　して見ると、君自身に付属するものどもを君が世話している場合には、君自身を世話しているわけではないのだ。
アルキビアデース　決してそうではありません。
ソークラテース　何故なら、同じ技術ではないからだ、どうやら、それでもって人が自らを世話するのと自らに付属するものどもを世話するのとは。
アルキビアデース　明らかに同じではありません。

二四

ソークラテース　さあここが肝要。どんな技術でもって我々自身を我々は世話することが見込まれようか。

アルキビアデース　私は語ることが出来ません。

E

ソークラテース　しかしながら、とにかくこれだけのことは同意されてあるのだね、曰く、それでもっては我々のものどもの中の何をであれ我々がよりよくするわけではなくて、否、我々自身をよくするのだということだ。

アルキビアデース　真実のことどもをお語りです。

ソークラテース　さればそもそも我々は何時か認識することがあったであろうか、どんな技術が履物をよりよく製作するか、これを履物を知らないでいて。

アルキビアデース　それは不可能です。

ソークラテース　更には、とまれどんな技術が指輪をよりよく製作するかもまた、指輪を知らないでいては不可能だ。

アルキビアデース　真実です。

ソークラテース　けれども、どうだろう。どんな技術が自らをよりよくなすのか、これをはたして何時か我々は、我々自らは何であるのかを認識しないでいて認識する見込みがあるだろうか。

129 **アルキビアデース**　不可能です。

ソークラテース　さればさあそこでどちらだろう。易しいことなのか自らを認めることは、そして何か詰まらぬ者としてそのことをピュートー（デルポイ）の神殿へと捧げた人はあるのか。それともそれは何か困難なこととしてありまた万人のすることではないのであるか。

アルキビアデース　先ずこの私には、ソークラテース、一方ではしばしば万人のことだと思われましたし、他方ではしばしば全くの困難事と思われました。

ソークラテース　いやしかし、アルキビアデース、それがよしまた容易ではあれよしまた容易ではなくともそれでもとにかく我々にとってはこのように事はあるのだよ。すなわち、一方、そのことを認識した上では我々自身の世話をきっと我々は認識するその見込みがあるだろうが、他方、認識しないでであっては如何なる時にもその見込みはないのだと。

アルキビアデース　ええ、あるのです、それらのことが。

B **ソークラテース**　さあここだ、どんな仕方でまさにそのこと[41]は見出されようか。何故なら、そのようにしてこそ、一方、きっと我々は我々自らが何であるかを見出すことであろうが、他方、そのことの無知の中になおある場合には我々は何処かしら見出すに無能なのだから。

アルキビアデース　全うにお語りです。

ソークラテース　さればゼウスの御前で踏み止まってくれ給え。誰と言葉を交わしている

C

のかね、君は今。この僕とではないかな。
アルキビアデース ええ、そうです。
ソークラテース されば、この僕も君とそうしているのではないか。
アルキビアデース ええ。
ソークラテース して見ると、ソークラテースは問答を行っている者である。
アルキビアデース 全くです。
ソークラテース 他方、アルキビアデースは聞いている者なのだね。
アルキビアデース ええ、そうです。
ソークラテース されば、言葉でもって問答をしているのだね、ソークラテースは。
アルキビアデース それに決まっています。
ソークラテース だが問答をすることと言葉を用いることとを同じことだと、何処かしら君は呼ぶのである。
アルキビアデース 全くです。
ソークラテース だがしかし、用いる者と用いられるものとは別ものではないのか。
アルキビアデース どのように議論なさっておられるのですか。
ソークラテース ちょうど皮職人は刃物やナイフやその他の道具でもって切るのであるといったようにだ。

D

アルキビアデース　ええ、そうですね。

ソークラテース　されば切断し道具を使っている者は、一方、別であり、他方、切断する者が用いている道具はまた別ではないのか。

アルキビアデース　どうしてそうではないことがあるでしょうか。

ソークラテース　さればはたしてそのようにしてキタラ奏者が弾奏するそれらのキタラもキタラ奏者自身も別ものだということだろうね。(42)

アルキビアデース　ええ、そうです。

ソークラテース　それならだよ、そのことをこそ先程に僕は尋ねておったのだよ、使用する者と使用されるものとは常に異なっていると思われるかどうかと。

アルキビアデース　それはそう思われますとも。

ソークラテース　されば何を我々は言うことだろうか、靴屋のことでは。切るのは道具でもってのみだろうか、それとも手でもっても切るだろうか。

アルキビアデース　手でもっても切りますよ。

ソークラテース　して見ると、用いるわけだ、両手もまた。

アルキビアデース　ええ。

ソークラテース　そもそもまた両眼も用いながら彼は皮を切るのかね。

アルキビアデース　ええ、そうです。

ソークラテース　だが、使用する者と使用されるものどもとは異なったものだと我々は同意するのだね。
アルキビアデース　ええ。
ソークラテース　して見ると、異なってあるのだ、皮職人とキタラ奏者とは彼らがそれらでもって仕事をするその両手や両眼とは。
E
アルキビアデース　そう現われています。

二五

ソークラテース　されば全身体をもまた使うのだね、人間は。
アルキビアデース　全くですね。
ソークラテース　だが使用する者と使用されるものとは異なっていた。
アルキビアデース　ええ。
ソークラテース　して見ると、異なっているのだね、人間は彼自身の身体からして。
アルキビアデース　そうらしく思われます。
ソークラテース　されば、一体、何であるのか、人間は。
アルキビアデース　言うことが出来ません。
ソークラテース　されば先ずは出来るわけだよ、とにかくそれが身体を用いるものである

130 ということなら。

アルキビアデース　ええ、そうですね。

ソークラテース　さればそもそも魂の他の何かがそれを用いるかな。

アルキビアデース　いいえ、他のものは用いません。

ソークラテース　されば魂は支配しながらそうしているのではないか。

アルキビアデース　ええ、そうです。

ソークラテース　そして、実際、とにかくこのことは、思うに、誰一人として別様には思わないだろう。

アルキビアデース　どのようなことでしょうか。

ソークラテース　三つのものの中のとにかく一つの或るもので人間があるのではないかと思う。

アルキビアデース　何などでしょうか。

ソークラテース　魂であるか或いは身体であるか或いは両者一緒のもの、すなわち、全体なるそのものであるか。

アルキビアデース　それに決まっています。

ソークラテース　しかしながら、実際、とにかく身体を支配するまさにそのものを我々は同意したのだったね、人間なのだと。

B **アルキビアデース**　我々は同意致しました。

ソークラテース　さればはたして身体は自らが自らを支配するだろうか。

アルキビアデース　決して支配は致しません。

ソークラテース　何故なら、支配されるのだとそれを我々は言うのだから。

アルキビアデース　ええ、そうです。

ソークラテース　さあそこで、ともかくもそのものは我々の探しているものではないことだろう。

アルキビアデース　否であるのが尤もなことでしょう。

ソークラテース　いやしかし、して見ると、両者の相俟ったものが身体の支配をするのであり、そして、さあそこであるのだということだろうか、それが人間なのだと。

アルキビアデース　多分はきっとですね。

ソークラテース　とまれそれはすべての中で最も少なくあることだ。何故なら、異なった他方がともに支配してくれない場合には何一つの仕掛けもないのだからね、両者相俟つものが支配すべくもだ。

アルキビアデース　全うにお語りです。

C **アルキビアデース**　とは言え、身体も両者相俟つものも人間ではないからには、思うに、残るは何一つのものもそれではないか、或いは苟も何かがあるのなら、人間は魂より以外の何ものでもないかであろう[43]。

アルキビアデース　総じて確かに。

ソークラテース　さればなお何か一層明確なものが君にとっては証明されなくてはならぬだろうか、魂こそ人間なのだということでは。

アルキビアデース　ゼウスに誓ってそんなことは、いや、事は十分なあり方であると私には思われます。

ソークラテース　しかしとにかくもしも厳密な仕方でもってではなく、否、程よき仕方でもってであるとしても、我々にとっては足りるのだ。何故なら、厳密な仕方でもっては先ずこの時にこそ我々は知ることであろうから。すなわち、我々がこの今にそれが多大の考察のことであることの故に行き過ぎたものを見出したその時にこそだ。

D

アルキビアデース　何でしょうか、そのものは。

ソークラテース　そのものをこそ先程に何かしらこのように私は言ったのだった、第一にまさに〝そのもの自身〟を考察すべきであるとね。だが実際には〝そのもの自身〟の代りに各々のもの自身を何であるのかと我々は考察したのだった[44]。そして、多分、十分足りることであろう。何故なら、我々自身のことどもの中の何一つのものも魂よりもより以上には権威あるものではないだろうから。

アルキビアデース　ええ、ありませんとも。

E

ソークラテース　されば結構なのではないか、このように見なしても。すなわちこの僕と君とはお互いに諸々の言葉を用いながら交わっており、魂でもって魂に向ってそうしているのだと。
アルキビアデース　全くその通りです。
ソークラテース　して見ると、このことこそ少し前にもまた我々が言ったことなのだった、ソークラテースはアルキビアデースと言葉を用いて問答をしているのだと。君の顔に向ってではなく、どうやら、否、アルキビアデースに向って諸々の言論をものして行きながらに。然るに、そのものは魂なのだ。
アルキビアデース　とにかくこの私にはそう思われます。

二六

ソークラテース　して見ると、魂を認識すべくも我々を命じているのである、自己自身を認識することを課している人は。
アルキビアデース　どうやらですね。
ソークラテース　して見ると、身体に属しているものの中の何かを認識する人は自己自身に属するものどもを認識してはいるが、しかし自己自身を認識してはいなかったのだ。
アルキビアデース　その通りです。

ソークラテース　して見ると、医者たちの中の誰一人も自己自身を、医者である限りでは、認識してはいないのであり、さらに体育家たちもそうなのだ、彼が体育家である限りではね。

アルキビアデース　認識してはいないらしく思われます。

ソークラテース　して見ると、多くを欠いているのだ、農夫らやまたその他の職人たちが自己自身を認識すべくもね。何故なら、彼ら自身に付属するものをさえとまれこの者どもは、
B
どうやら、認識してはいないのであり、否、彼ら自身に付属するものどもよりもなおもっと遠くにあるものどもを彼らの持っている技術に即して認識するのだというわけだから。何故なら、身体に付属する諸々を彼らは認識するのであり、それらでもって身体は世話されるのであるから。

アルキビアデース　真実のことどもをお語りです。

ソークラテース　して見ると、もし思慮の健全として自己自身を認識することがあるのであれば[45]、彼らの誰一人もその技術に即しては思慮の健全なあり方をする者ではないことになるわけだ。

アルキビアデース　否、と私には思われます。

ソークラテース　実にそれらのことどもの故にまた卑俗だともそれらの技術はあるのだと思われ、また善き身分の者の学ぶべきことどもではないのだと思われているのである。

アルキビアデース　全くその通りです。

C

ソークラテース　さればもう一度、誰であれあらためて身体を世話する者は、自己自身に所属することどもをこそ世話しているのであり、自己自身を世話しているわけではないのだ。
アルキビアデース　恐らくは。
ソークラテース　だがしかし、ともかくも金銭の世話をする者は誰であれ、自己自身をも自己自身に所属することどもをも世話しているのではなくて、否、自己自身に所属するものどもよりなお遠くあるものどもをこそ世話しているのだ。
アルキビアデース　とにかくこの私にはそう思われます。
ソークラテース　して見ると、自己自身に所属することどもを最早行為してはいないのである、金儲けを事とする人は。
アルキビアデース　全うにお語りです。
ソークラテース　して見ると、もしも誰かがアルキビアデースの身体を恋する者となっているのなら、そうするとアルキビアデースを恋したのではなくて、否、アルキビアデースに所属することどもの何かを恋したのだ。
アルキビアデース　真実のことどもをお語りです。
ソークラテース　然るに、君を恋した者はその魂をこそ恋しているのである。
アルキビアデース　必然だと見えます、議論からして。
ソークラテース　さればば、一方、君の身体を恋する者は身体が花盛りであることが止めば

D

立ち去って離れて行くのではないか。

アルキビアデース　そう見えます。

ソークラテース　だがしかし、ともかくも魂を恋する者は離れて行ったりはしないのだ、それがよりよきものへと進んで行っている限りは。

アルキビアデース　とにかくそれは尤もなことです。

ソークラテース　さればこの僕こそが立ち去って行くことをしない者であり、否、身体は衰えても止まっている者なのだ、他の人々は早離れて行ってしまっているのだが。

アルキビアデース　ともかくよくして下さっておられます、ソークラテース。そして立ち去られることもまたありませんように。

ソークラテース　それならだよ、熱心であり給え、出来るだけ美しくあることに。

アルキビアデース　いや、私は熱心であるつもりです。

E

二七

ソークラテース　とまれ、かく君にとって事があるのだと、こういうことなのだからね。生じはしなかったのだ、どうやら、クレイニアースの息子アルキビアデースには恋する者は、またおりもしないのだ、ただ一人以外には。そしてその者は愛すべき者、ソークラテース、ソープロニスコスとパイナレテーの息子なる者である。

132

アルキビアデース　真実のことどもをお語りです。

ソークラテース　されば君は言わなかったかな、少しばかり僕は君に向って遣って来たものでそれで先んじたのだと。とは君としてはより先に僕に向って遣って来ようとしていたのだ、何故ただ一人だけ私は立ち去らないのであるかを尋ねることを望みながらということだったが。

アルキビアデース　確かにそうしたことでした。

ソークラテース　それならだよ、このことがその原因なのだ、すなわち、ただ一人だけが君の恋人だったのであり、他方、他の者たちは君の所有物の恋人だったのだということだ。他方、君の所有物は春から止んで行っているのだけれど、君はだが花開くことを始めているのである。そしてこの今にとにかくもし君がアテーナイ人たちの大衆によって腐敗させられより醜くなるようなことがないなら、君を後に残すようなことは僕はせぬだろう。何故なら、このことをこそ取り分けてこの僕は心配しているからだ、君が我々とって大衆に対する恋人となった上で腐敗させられはしないかとだよ。何故なら、沢山のまた善き人々がすでにそのことをその身に蒙ってしまっているからだ、アテーナイ人たちの中でね。何故なら、〝心の豊かなエレクテウスの民〟は外見がよいからだよ(46)。否、人は彼を剥ぎ取って観賞しなくてはならないのだ。されば、君は用心をしなくてはならないのだ、この僕が語る用心を。

アルキビアデース　どんな用心をでしょうか。

B **ソークラテース**　第一に練習をすることだ、至福な君よ、そしてそれらをこそ学んだ上で国事に向っては進むべきだがそれ以前には進むべからざることどもを学び給え。君が解毒剤を携えながら進んで行き何一つの恐るべきことをもその身に蒙らないために。

アルキビアデース　よくぞお語りのことと私にはあなたは思われます、ソークラテース。いやしかし、努めてみて下さい、十分に語って下さることを。まあどんな仕方で我々は我々自身に気をつけることが叶うものなのか。

ソークラテース　されば、一方、それだけの分は我々にとっては先のことにかけて仕上げられているのではないか――何故なら、何として我々があるのかはかなりの仕方で同意されてあるのだから――しかし、我々は心配していたのだ、そのことでしくじった上で異なった何かに気をつけていて我々自身をそうしてはいないのに気がつかずにいはしないかと。

アルキビアデース　それらのことが実にあるわけです。

C **ソークラテース**　そして実にその後では、魂に気をつけそのものへと眼差しをしなくてはならぬと我々は同意した。

アルキビアデース　明らかにそう同意し合いました。

ソークラテース　他方、諸々の身体や金銭の世話はこれを他の人々に対して委ねなくてはならなかった。

アルキビアデース　決まったことです。

ソークラテース　さればどんな仕方でもって我々は認識する見込みがあるだろうか、そのことをもっと明々白々に[47]。そのことを認識した上でこそどうやら我々自身をも我々は認識をすることだろうからだ。はたして神々の御前で今し方我々がそれを思い出していたデルポイの碑銘はよく語っているというのに我々が理解してはいないのではないか。

D

アルキビアデース　どんな何かを心に思いながらお語りなのでしょうか、ソークラテース。

ソークラテース　この僕が君に話そう、とまれそれを語りかつ我々に勧告をしているのだその碑銘はと、こう僕が推測することを。何故なら、恐らくは多くの場所にはそれの模範は存在しないのであり、否、ただ視覚に即してのみであるのだから。

アルキビアデース　どのようにそのことをお語りなのですか。

二八

ソークラテース　よく見てくれ給え、君も。もし我々の眼に対してちょうど人間に対してのようにそれが勧告をしながら〝汝自身を見よ〟と言ったとすれば、まあどのように我々は了解したことだろうか、何を勧告しているのかを。はたしてこのものへと眼差しすることをとこそではないか、そのものへ眼差ししつつ眼が自己自身をまさに見ることとなったような。

アルキビアデース　明らかにそうです。

ソークラテース　さあそこで心に思い浮かべてみるとしよう、存在するもののどもの何へと

E
眼差ししながら彼のものを我々は見てそれと同時に我々自身をも見るのであるかと。

アルキビアデース　さあそこは実に明らかです、ソークラテース、鏡にかつまたそうしたものどもへとだとは。

ソークラテース　全うに君は語っているよ。されば、我々がそれでもって見るその眼にもそうしたものどもの何かがその内にあるのではないか。

アルキビアデース　全くです。

133
ソークラテース　されば、君はすでに心に思い浮かべたことがあるのだね、眼の中へ覗き込む者の顔が真向かいの視覚において、ちょうど鏡においてのようにその中に現われているということを。実にそのものを人見（瞳）だとも我々は呼んでいるのであるが、それは覗き込んでいる者の写像といった何かであるものなのだが。

アルキビアデース　真実のことどもをお語りです。

ソークラテース　して見ると、眼は眼を見ながらに、そして見入るのにまさにそれの最も優れたものでかつそれでもって見るものへとこうしながら、そのようにして自らを見ることであろう。

アルキビアデース　そう見えることです。

ソークラテース　だが、とにかく人間に所属するものどもの中の別のものへと或いは存在しているものどもの何かへと眼差しするとすれば、それがたまたま似ているものへと眼差しする場合を除いて、自らを見ることはないだろう。

B

アルキビアデース　真実のことどもをお語りです。

ソークラテース　して見ると、眼はもしそれがまさに自らを見ようとしているのであれば、それにとっては眼の中へと眼差しするのでなくてはならない。そして眼球の彼の場所へと、そこにおいてこそ眼の徳性がまさしくその内に生じているその中へとこそだ。然るに、実にあるのである、そのものは何処かしら視覚だとして。

アルキビアデース　その通りです。

ソークラテース　さればはたして、親しいアルキビアデース、魂もまたもしそれが自らを認識しようとしているのであれば魂へとこそそれは眼差ししなくてはならないのだ、そして取り分けてそれのこの場所へと、すなわち、そこにおいてこそ魂の徳性、智慧、がその内に生ずるその場所へとだ。そしてそのものにそれがたまたま似てもいる別のものの中へ。

アルキビアデース　とにかくこの私にはそうだと思われます、ソークラテース。

C

ソークラテース　されば我々は言うことが出来るのかな、魂のだとしてこれよりも、それをめぐって知ることとかつまた思慮することとがあるそのものよりもより神的なものがあるのだと。

アルキビアデース　我々は言うことが出来ません。

ソークラテース　して見ると、神に対しては魂のそのものこそ似ているのであり、そして人はそのものへと眼差ししながらすべての神的なものを、神にかつまた思慮[48]を認識した上で、そのようにして自己自身をも取り分けて認識することもあるだろう。

アルキビアデース　そう見えることです[49]。

ソークラテース　けれども、自己自身を認識することを我々は同意していたのだったね、思慮の健全なのだと[50]。

アルキビアデース　全くです。

二九

ソークラテース　さればはたして我々が我々自身を認識せず更にはまた思慮を健全に保つこともしないでいて、それで可能だろうか、我々自身のものである悪しきことどもにそしてまた善きことどもを。

アルキビアデース　またどのようにしてそのことが生ずるその見込みがありましょうか、ソークラテース。

D

ソークラテース　何故なら、不可能だと、多分、君には現われるからだ、アルキビアデースを認識することなくてあってはアルキビアデースに属しているものどもをアルキビアデースのであると認識することは。

アルキビアデース　不可能ですとも、確かに、ゼウスに誓って。

E

ソークラテース　して見ると、我々の所有するものどもを我々のものだと認識をすることさえ不可能なのだね、もしも我々自身さえも認識していないとすれば。

アルキビアデース　何故なら、どのようにしてそれが可能でしょうか。

ソークラテース　して見ると、もし我々の所有するものどもをさえ認識不可能であるのなら、我々の所有物に所属するものどももまた認識不可能なのだね。

アルキビアデース　明らかに不可能です。

ソークラテース　して見ると、全く何か全うな仕方では我々は同意しはしなかったということなのだ、先程は同意しては一方では自己自身を認識してはいないが他方では自己自身に所属するものどもは認識している人々がいる、他の人々は自己自身のものどものその付属物を認識しているのだとこうしていたのだが。何故なら、尤もだからだ、すべてそれらのことどもを見て取ることは一人の人のかつまた一つの技術のすることであることが。すなわち、自己自身を、自己自身に属するものを、自己自身に属するものどもの付属物をだが。

アルキビアデース　恐らくはそうでしょう。

ソークラテース　けれども、自己自身のものどもを認識しない者は誰にせよ、また他人に属することどもも何処かしら認識してはいないことだろう、同じことどもに即してね。

アルキビアデース　それに決まっています。

ソークラテース　さればもし他の人々のことどもをそうだとポリスのことどももそうでは

134

ないか。
アルキビアデース　それは必然です。
ソークラテース　して見ると、なろう見込みはないわけだ、そうした人物が国事に心得のある者とは。
アルキビアデース　ええ、きっと。
ソークラテース　更にまた家を斉える心得ある者とも、とにかくなろう見込みはない。
アルキビアデース　ええ、きっと。
ソークラテース　更にはとにかく彼は何を彼が行為しているのか、これを知らないことであろう。
アルキビアデース　知らぬことでしょう、確かにですね。
ソークラテース　だがしかし、知らないでいては彼は過つのではないか。
アルキビアデース　全くそうですね。
ソークラテース　だが、過ちをしでかしていては彼は悪しく行為することだろう、私的にもかつまた公的にも。
アルキビアデース　どうしてそうではないことがありましょうか。
ソークラテース　だが、悪しく行為していては彼は悲惨ではないのか。
アルキビアデース　とにかく大変に悲惨ですとも。

ソークラテース　だがどうだ、その人々のために彼が行為している人々は。

アルキビアデース　その人々もまた然りですよ。

ソークラテース　して見ると、出来ようがないわけだ、もしも或る人が思慮が健全で善き人ではないのだとすれば、幸福であることは。

アルキビアデース　出来ようがありませんね。

B

ソークラテース　して見ると、人々の中の悪しき人々は悲惨なのだ。

アルキビアデース　とにかく大変に悲惨ですとも。

三〇

ソークラテース　して見ると、富を得た人でさえも悲惨から離れ去っているわけではないのだ。否、思慮を健全にした人こそがそうなのだ。

アルキビアデース　そう見えます。

ソークラテース　して見ると、諸々の城壁も三段橈船も造船所も不用なのである、諸々のポリスは、アルキビアデース、もしもそれらがまさに幸福であろうとするのならば、更にはその数も大きさも徳を欠いては。

アルキビアデース　確かに必要とはしません。

ソークラテース　さあそこでもしもまさしく君が国事を全うにそして立派に行為しようと

C

しているのであれば、君は徳をこそ分かち与えなければならないのだ、市民たちに対しては。

アルキビアデース　何故なら、どのようにそれが否であることでしょうか。

ソークラテース　だがしかし、可能であろうかな、人がその持ってはいないようなものを分かち与えることは。

アルキビアデース　またそれはどのようにして。

ソークラテース　して見ると、君自身が第一に徳を獲得しなくてはならず、また他の私的にただ自己自身とかつまた自己自身の物事とだけを支配し配慮しようとしているばかりではなく、否、またポリスとポリスに所属することどもをそうしようとする人がそうなのだ。

アルキビアデース　真実のことどもをお語りです。

ソークラテース　して見ると、君は自由を更には支配をその何であれ望むことをするべく君自身のために用意するべきではないのであり、更にはポリスのためにもそうであって、否、正義と思慮の健全とをこそ用意すべきなのだ。

アルキビアデース　そう見えます。

D

ソークラテース　何故なら、正しく行為しまた思慮の健全な仕方でそうして行ってこそ、君とかつまたポリスとは神に親しくある仕方で行為することだろうからだ。

アルキビアデース　とにかくそれは尤もなことです。

ソークラテース　そしてとにかくまさにそれをこそ先程に我々は語っていたのだったが、

E

神的で輝かしいものへ見入りながら君たちは行為することであろう。

アルキビアデース そう見えます。

ソークラテース だがしかし、実際、とにかくそこにおいて眼差ししながら君たち自身とかつまた君たちの善きことどもとを君たちは見ることだろうしまた認識することであろう(51)。

アルキビアデース ええ、そうです。

ソークラテース されば全うにそうしてまたよくこそ君たちは行為するだろうというのではないか。

アルキビアデース ええ。

ソークラテース だがしかし、実際、とにかくそのように行為して行く君たちを僕は保証したいと思う、きっと幸福であることだろうとね。

アルキビアデース 何故なら、あなたは躓くことのない保証人ですからね。

ソークラテース けれども、とにかく不正な仕方で行為して行っては君たちは神を欠いて暗いものの中へと眼を遣っているから、尤もなことどもがそうであるように、それらに似たことどもを君たちは行為することであろう、君たち自身を認識しないでいながらに。

アルキビアデース それが尤もです。

ソークラテース 何故なら、そのものにとり、親しいアルキビアデース、その望むことをする自由は一方ではあるのだが他方で知性を彼が持たないとすれば、何が尤もなところ帰結

135 するであろうか、私人にとってもポリスにとっても。例えば、病人にとってその望むことを遣る自由があるけれど彼は医学的知性を持たず、他方、何一つも人は彼に対して懲らしめはしないというので我儘のし放題だというのだとするなら、何が帰結して来ることだろうか[52]。はたしてそれは、尤もなことがそうであるよう、身体が損なわれることではないか。

アルキビアデース　真実のことどもをお語りです。

ソークラテース　しかし、どうだろうか、船においては、もし誰かにとってその思われるところをする自由はあるものの知性とかつまた徳の操舵に関わるものは奪われているのだとすれば、君ははっきりと見て取ることだね、まあどんなことどもが彼に伴いかつまた一緒に乗り組んでいる人々に。

アルキビアデース　とにかくこの私ならば、とにかく身を滅ぼすだろうということですよ、まあ全員が。

B **ソークラテース**　されば同様にポリスにおいてそしてまたすべての支配において、徳から置き去りにされた自由において、悪しく行為することが引き続くのではないか。

アルキビアデース　それは必然です。

三一

ソークラテース　して見ると、独裁権力を、最も優れたアルキビアデース、用意すべきで

C

はないのだよ、君自身にもポリスにも、もしも君たちが幸福であろうとまさにしているのであれば。いや、徳をこそ用意すべきなのだ。

アルキビアデース　真実なことどもをお語りです。

ソークラテース　だがしかし、とにかく徳を所有する以前にはより優れた人によって支配されることが支配をすることよりもよりよいのだ、大人にとって。それはただ子供にとってのみではないのだ。

アルキビアデース　そう見えます。

ソークラテース　さればとにかくよりよいものは、またより美しいのではないか。

アルキビアデース　ええ。

ソークラテース　だが、より美しいものとはより相応しいものなのだね。

アルキビアデース　どうしてそうではないことがあるでしょうか。

ソークラテース　して見ると、相応しいのだ、悪しき者にとっては奴隷として仕えることが。何故なら、それがよりよいことなのだから。

アルキビアデース　ええ。

ソークラテース　して見ると、奴隷の奉仕に相応しく悪はあるのである。

アルキビアデース　そう見えます。

ソークラテース　他方、自由であることに相応しく徳はあるのだ。

D

アルキビアデース　ええ。
ソークラテース　されば回避すべきではないのか、友よ、奴隷への相応しさは。
アルキビアデース　とにかく取り分けてそうですとも、ソークラテース。
ソークラテース　だがしかし、この今に君は感知しているだろうか、君が如何にそのあり方があるのかを。自由人に相応しくあるだろうか、それともそうではないか。
アルキビアデース　私は私には思われます、また大いに強く感知していることだと。
ソークラテース　されば君は知っているのかね、どのようにして君が回避したものかを、その君をめぐってこの今にあるものを。我々がそれを美しい男の上で名づけたりなどしないためにね。
アルキビアデース　とにかくこの私なら。
ソークラテース　どのように知っているのかね。
アルキビアデース　もしも望んで下さるならばです、他ならぬあなたが、ソークラテース。
ソークラテース　立派には君は語っていないよ、アルキビアデース。
アルキビアデース　いやしかし、どのように語るべきなのですか。
ソークラテース　神がお望みであれば、とこうだよ。
アルキビアデース　さあそこでそう私は語ります。そしてそれらに加えて、とは言え、このことを私は語ります。我々はきっとその役目を代えることでしょう、ソークラテース、

E

あなたのはこの私が、あなたはこの私のをとですね。何故なら、あり得ないのですからね、どのようにかして僕があなたを今日この日からついて回らないことがなく、他方、あなたがこの私によってついて回られることがないということは。

ソークラテース　生まれ善き君よ、して見ると、コウノトリから(53)僕の恋は何一つも隔たることがないだろう、もし君の許で翼持つ恋を孵化した上でそれによってもう一度それが世話をされるだろうというのなら。

アルキビアデース　いやしかし、そのように事はあるのです、そしてとにかく私は始めることでしょう、今日このところからして正義に気をつけることを。

ソークラテース　僕は望みたいところだ、君がまた全うしてくれることを。だがしかし、僕は恐れているのだよ、君の素質に対しては何か不信でいるわけではないが、しかしながら、ポリスの力を見ているとそれがこの私やそしてまた君やを抑え込むのではないかとね。

（平成二十年十月二十一日午前三時四十分翻訳開始、同十一月二日午後四時十分完了）

『第一アルキビアデース』篇註

(1)この〝ダイモーン〟というのは『饗宴』篇(二〇二D13〜E1)では「(エロースは)偉大な神霊(ダイモーン)なのですよ、ソークラテース。また何故なら、すべて神霊的なものは神とそしてまた死すべきもの(人間)との中間にあるのですから」と言われるもので、それ故また〝半神〟と訳されたりもします。そして私どものソークラテースについては彼が子供の時から馴れ親しんだものとして〝ダイモーンの声(合図)〟をよく聞くのだと本人自身がいろいろのところで言うのに出会います。その主要な箇所を四つ上げれば『ソークラテースの弁明』篇の三一C〜D、同じく四〇A〜B、『パイドロス』篇の二四二B〜D、『エイテュデーモス』篇の二七二Eがそれらでしょうか。そして興味深いことにその声は「この私には、然るに、それはあるものなのです、こどもの頃から始まり、一種の声として生じて来ながらで、このことは。そして、それが生ずる場合には、常に私に対して逸らすのです、何をであれ私が遣って行こうとしているそのものを。だが決して推し進めることはしないのです」(『弁明』篇三一D2〜4)というようなものとして常にどの箇所でも語られるものなのです。そこから私どもは私どもが〝何かをまさに行為しようとしているその時〟という言わば私どもがたゆたっている時という一種謎めいたものの存在のあることを教えられるでしょう。その時は、一方では「なりゆき」のそのままに殆どの場合無自覚のままにそのままの行為になってしまうものであって、そしてそれで咎められるといったものではありませんが、ソークラテースにとってはその「なりゆき」のままの行為にダイモーンの声が干渉してそれを許さないということがあったのです。彼の魂は従ってその度に自らの行為を占う自覚が求められたのでした。すなわち、この一連の下りも人は誰しもアルキビアデースと交わろうとしてそのまま交わっているが、しかし誰しもがするその行為はソークラテースにとってもまたその「なりゆき」になるべきか。ダイモーンの声がその「なりゆき」のままがお前のその今の行為ではないぞと反対したことを、告げているのです。38頁

(2) 無論、アテーナイの黄金時代をもたらした彼の大政治家ペリクレースのこと、歴史家によるその批評についてはトゥーキューディデース『歴史』第一巻一三九、第二巻六五を参照。39頁

(3) 「アテナイでは青年男子は一八歳になると兵役の義務に服し、二カ年の訓練を経たのち二〇歳で完全な市民権を得た」(岩波版『プラトン』全集6 田中美知太郎 7頁) 41頁

(4) ペルシア王朝を起したキューロス一世のこと、在位は前五五九~五二九年 42頁

(5) ダーレイオス大王の子、ギリシアとの戦いに二度敗北した父の遺志を受けてギリシアに侵入しアテーナイを占領しましたが、前四八〇年のサラミースの海戦で大敗北を喫し、その敗走は無惨なものとなりました。その様はアイスキュロスの悲劇『ペルシアの人々』が描いています。42頁

(6) ソークラテースは私どもにとって全く不思議に思われる程に「人が問いそして問われた者が答える」というたったそれだけの営みを素朴に見つめ続けて、そこに豊かな真実が秘められてあることを信じ抜いたのでした。『メノーン』篇八二Bの下りでも「学ぶとは想起することだ」という真実を証明するためにメノーンその人の召し使いの少年と問答をすることにしますが、その際ソークラテースがメノーンに要求したのはただその少年がギリシア語を話すかどうかというそのこ

とだけでした。すなわち、問答することが出来るかどうかということだけでした。そして、しかしたったそれだけの問答に過ぎないものであるものを、逆に『国家』篇五三四Eの下りでは「さればはたして思われるのだね、君にとっては。さながら冠石といった如く諸々の学科にとって問答法は我々のためには上に置かれているのだと。そして、最早それとは別の学科がより上部に全うに置かれることはないことだろうと」とまで言うに到るのでした。44頁

(7)「人は知っている、占い師たちが事実においてアテーナイでは公共的な討議に口出ししていたということを。『エウテュプローン』篇三B～Cを見よ。なおまた人は時としてかくかくの神託を、特にデルポイのそれを伺うことを決めるのであった。ピューティアの諸々の神託の公定の解釈者さえも存在したのだった（プラトーン『法律』篇七五九D）」（クロワゼ）47頁

(8) ここの文章何かちょっと込み入っていてさらっと一気には読みづらくありますが、ここには

イ、問題場面が食料の善し悪しのそれと国家の重要事のそれと二つあること

ロ、アルキビアデースがそれらに対するあり方がどうなのかには二つのあり方があること、

一つは前者の問題場面では彼はよく答えることが出来るものの、医者の振りはしないこと

二つは後者の問題場面ではその智者である振りをするものの、語る持ち前にないこと

という二つですが、知っていても智者である振りをしない立派さと智者である振りをするのに実のところ何も知らない恥というそれは対照だろうと、ソークラテースは指摘するわりです。

ところで、岩波版の田中美知太郎先生の読み方は、私がこの註をつけた行の一行前と一行後の行の〝一方・・・。他方・・・〟というように「一方・・・」の文章を一旦ピリオドを打って読む

読み方をするのに対してピリオドではなくてコンマを打つ仕方で続けて読むものとなっています。続けて読む方がよいと考えられるというのは、恐らくこの文章の結論である「智者の振りをするのにその知識を語ることが出来ないその無様を君は恥じるはずだ」というそこへと急ぐためには〝一方・・・他方・・・〟を纏めて一気に読むことが大切だとのお考えからすることかと思います。それに反して私の読み方がその〝一方・・・。他方・・・〟という対照をピリオドを打って一つ一つを確認するようなものとなっているのは一重に恥ずべき無様がそこからこそ生ずる二つの対照的な前提をこの前提この前提というようにしっかりと確認することを重んじようとしたからです。これは〝一方・・・〟の文章が不定法のままで置かれているのに対して〝他方・・・〟の文章がちゃんとした条件文として定動詞で語られているその対比としてある思考のシフトがなされていることからも理由を得るのではないかと思います。54頁

(9)「さいころ遊びはギリシア人たちにあって大いに流行っていたのである、非常に遠い昔から。プラトーンは（『テアイテートス』篇一五四C）彼が許す諸々の組み合わせの観念を与えている。それら組み合わせは遊び手たちの間に頻繁な論争へ機会を付与したのであった（『イーリアス』第二十三巻八五～八八行）」（クロワゼ）59頁

(10)「知っている者は同じことを語る」ということが非常にシンプルですがソークラテースにとっての「知者」の定義でした。このことはいろんな箇所で繰り返してソークラテースの語るところです。62頁

(11)岩波版の田中先生は「今」という語を私の訳のようにその前にピリオドがあって次の文章はこ

の「今」という語から始まっているとはお読みにはならず、〃では、今の我々の場合はどうかね〃というように前の問いの文章に含まれるものとして読んでおられます。クロワゼもまたそのようなテクストにしています。何だか微妙でどう決めたものか大いに私は迷うのですが、「この今に君に云々が云々だと思われるか」というその結びつきを見る方が自然なのではないかと私は考えました。65頁

(12) オデュッセウスがトロイア遠征に出征して留守にしていた二十年の間にその館に仇をなし、その妻に言い寄った近隣近郷の男どもを、彼は帰国後に闘って殺戮したのでした。〃館に仇をなす〃とは客をもてなすということが絶対的なモラルである古代社会にあって日毎夜毎彼らが妻問いに客として押しかけたことです。その戦いは『オデュッセイアー』第二四巻参照。66頁

(13) タナグラはギリシア中部ボイオーティアー地方の主要都市、前四五九年にスパルタ軍がアテーナイ軍を破る戦いがここでありました。ヘレニズム時代にテラコッタ製の彩色人形〃タナグラ人形〃が作られました、日常生活を主題とする小さな奉納用人形です。67頁

(14) 前註の戦いの二年後にアテーナイ軍はボイオーティアーに侵入しこれを支配下におきましたが、コロネイアーでは急襲され敗北し撤退に到りました。67頁

(15) 註の6においてソークラテースが「問答をする」ということについて実に深い意味を思う者だったことを註しましたが、その意味もここの下りで語られていることにもつながったものでありました。クロワゼは「この箇所はソークラテース的な方法の本質的な特色を明るみの中にもたらしているのである。ソークラテースは自ら問い手に止まり、諸々の答えが彼の対話者らの行為なの

である、よしんばそれらが置かれた諸々の問いから帰結するのだとしても」とこう註をしています。70頁
(16) エウリーピデースの悲劇『ヒッポリュトス』の三五二行のセリフですが、これとてもよく似たセリフが彼の他の作品『メラニッペ』に〝私のだとはその筋書きはなくて、いいえ、わが母から出たもの〟という風にありますし、『ソークラテースの弁明』二〇Eにも〝何故なら、私は私のものとして私の語る語りをこれから語ろうとしているのではないのでありまして、いや、皆さん方にとって信ずるに価いする御方へと、私はその語られる御方を持ち上げて行くことでしょうから〟とあり、加えてすでに『饗宴』篇の一七七Aには「先ずは僕にとって語りの始めとは、エウリーピデースの『メラニッペー』の線なのです。と言うのは筋書きはこの僕のものではなく、いやパイドロスのものなのです。それを僕は語ろうとしているのです」という下りもあります。話しの進み方や議論の展開に自分がどのように絡みどんな距離を持っているかと意識することは、古来より誰にとってもその意識に登ることでした。71頁
(17)「ソークラテースはその流儀でアルキビアデースの思考を解釈するのである。後者は彼が理由をもっているとは確かだと感じているということを言うことを望んだ。対してソークラテースは要求をする、彼の若い対話者が教養があることに利益を見出すことを」(クロワゼ) 76頁
(18)「美しいものは善きものだということを立証するためにソークラテースは最早全く同じ仕方では推論はしないのである、よしんば彼がそれについて何を言うのではあれ。彼は一つの感情へ、名誉の本能へ、若きアルキビアデースにあって非常に清新なそれへと訴えるのである。証明はただ

もし人が容認するならばというそれだけで有効なのだ。それはさながらに勇気が絶対的に善きものであるということが事実であるようにである」（クロワゼ）79頁

(19)「文字通りには〝よく行為している〟というように翻訳されるギリシア語としての言い回しは、慣用では〝仕合わせであること〟を意味していた」（クロワゼ）81頁

(20)ここの読み方は問題的であり田中先生は〝立派に〟という方は省く方が分かり易くなるのだと考えられたようですが、『クリトーン』篇（四八B8）の「他方、〝よく〟とは〝美しく〟と〝正しく〟ということと同じことだということは不動かね」という表現の先例もしっかりあるのであれば、むしろ写本の通りに読んだ方が自然かと思います。82頁

(21)無論これは大アテーナイ帝国とエーゲ海の群島の一つの小島とを対照した表現です。83頁

(22)無論、この一連の下りでなされている議論はすでに彼の『ソークラテースの弁明』篇二一B以下でソークラテースその人の口から法廷で告げられていたそのままの議論ですが、この下りでなされると至極尤もな真理の指摘にも過ぎないと思われるようなことでもソークラテースの「無知の知」の吟味を憎んだ人々にはそういう真実の確認はひたすら嫌みなものであり、また疎ましいものだったということを私どもは知らねばなりません。クロワゼは「ソークラテースは彼自身無知な者だと自称したのだった。彼はそれ故区別する必要があったのだ、非難されるべき無知とそれではないそれとの間で。その上、彼はその無知をただ彼をして学ばしめるそれだけのために告白したのであった」と註しています。88頁

(23)「ピュトクレイデースはケオスの人で名だたるフルート奏者であり、思慮深い政治家としても

同様に通っていた（『プロータゴラース』篇三一六Aを参照）。同様に、キタラ奏者ダモーンがある（プルータルコス『ペリクレース』四節）」（クロワゼ） アナクサゴラースは著名な自然哲学者、「知性」（ヌース）を万有の根源におきました。その思想とのソークラテースの応接が『パイドーン』篇九七B以下でソークラテースの口から語られています。ダモーンに関しては『国家』篇四〇〇Bや『ラケース』篇一八〇Dなどにソークラテースの口からする彼への言及が見られますが、その信頼は厚いものが在ります。90頁

(24) ゼーノーンはソークラテースが畏怖した彼の哲学者パルメニデースの弟子、その名前は彼が語ったとされる二つのパラドックス「飛矢静止論」や「アッキレウスと亀」とともに有名です。ピュトドーロスとともに『パルメニデース』篇の冒頭に登場或いは言及されます。92頁

(25) トゥーキューディデース『歴史』第一巻の六一に記述があります。92頁

(26) アリストパネースの喜劇『鳥』の一二九七〜九九行には「してメイディアースは、あそこで〃鶉〃と呼ばれてましたな。何故って、また鶉叩きによって頭を叩かれた鶉にそっくりなもので」とあり、鶉の頭を叩いて鶉の反応で勝ち負けを決めるゲームが流行っていたことが知られます。本篇でのソークラテースの他ならぬ対話相手のアルキビアデースもそのゲームに凝っていたのだとか。95頁

(27) 奴隷の頭の髪の毛は、或いは全部短く刈るかないしは天辺だけ残して後は刈るかするということだったとか。成り上がり者が国事に手を出しても彼が成り上がり者であることが、解放をされた直後の奴隷がその頭の毛のあり方からすぐそれと知られるように、お里が知れるのだというこ

とです。96頁

(28)ゼウスとダナエーの子がペルセウス、その孫がアンピュトリオン、その子がヘーラクレース、その子孫がドーリア人たちという一つの血統があるのです。98頁

(29)また他方、ゼウスとアイギーナの子がアイアコス、その一人の子がペーレウス、そしてその子がアッキレウス、他方アイアコスの他の子がテラモーン、その子が大アイアース、その子がエウリュサケース、アルキビアデースの言うその先祖です。98頁

(30)ダイダロスと言えば古代ギリシア世界においての伝説的な工人、彼のクレタ島にある迷宮のラビュリントスを作ったと言われます。古註ではソークラテース—ダイダロス—エレクテウス—ヘーパイストス—ゼウスという血統が語られるのだとか。クロワゼは「ソープロニスコス、ソークラテースの父は彫刻家だった。彫刻家たちは後見人としてまた先祖として伝説的な祖先ダイダロスを持っていた。彼は歩くことの出来る像を造ったのだとか」と註をしています。98頁

(31)サラミースは彼のサラミースの海戦が行われたアッティカ南西海岸に近い島、アイギーナ島は更に南下したところの島でアルキビアデースの先祖のアイアコスが住んだところ 99頁

(32)ダーレイオス大王の子クセルクセースのその子で在位は前四六四年~四二三年 99頁

(33)前六三〇頃~前五三三頃、イーラーンの民族宗教であるゾロアスター教の開祖、善神アフラ・マズダーと悪神アンラ・マンユの存在を説くもの、またの名前は拝火教 100頁

(34)同名の人物は他にダーレイオスの意を迎えたペルシアの貴族などがいますが、ここでは単に同名であるだけの無名の子供係のようです。100頁

(35) ペロポネーソス半島南西部、メッセニアー地方の首都、テーバイの名将エパメイノンダースの指揮下に前三六九年に建設、彼のパウサニアースはその城壁を〝ギリシア世界第一〟であると賞讃しているとか。加えて劇場・神殿・アゴラー・スタディオンなどヘレニズム・ローマの時代の遺跡に富むとも。また古くホメーロスにもその統治がその西はピュロス王ネストールが東がスパルタ王メネラーオスが取っているとされて知られていました。102頁
(36) スパルタにおいての農奴の呼び名　102頁
(37)「アッティカの一つの区、しかし位置はわかっていない」(岩波版、田中美知太郎65頁) 103頁
(38) スパルタ王の血統としてレオテュキデース(前四九一年即位)、その孫アルキダモス二世、その子アーギス二世というのがその一部としてあります。104頁
(39) ここは岩波版やビュデ版のクロワゼのテクストと同様に疑問代名詞として読み、バーネットの読みのように不定代名詞としては読まない。112頁
(40)「ソークラテースはアルキビアデースのことを虚仮にしているのである。もしもただ夫が彼の知らぬものを知っていると強く望むならばというその場合だけで、不一致が存在するのである」(クロワゼ) 115頁
(41) 岩波版は αὐτὸ τὸ "αὐτό" という読み方をオリュムピオドーロスやシュタルバウムやに従って読んでいますが、バーネットの底本やクロワゼは αὐτὸ ταὐτό のままで読んでおり、私もその線で読みました。ταὐτό すなわち τὸ αὐτό のその αὐτό に引用符をつけて意識するかどうかは大問題ではないように思うからです。それは読み方次第で読めるものだと思います。クロワゼは「文字通りに

は正確に〝自らである存在〟、存在することの奥底」と註しています。124頁

(42)「キタラ奏者という言葉は単にキタラだけを演奏するのみならずまた多かれ少なかれその他の楽器をも演奏した芸術家を示すことが出来ていた」(クロワゼ)126頁

(43)「もし身体が単独にでも身体と魂とがともにでも人間ではなく、またそしてもし彼らがしかし何かのもの、現実の存在、であるとすれば、人間という名前を宛う必要のあるのはただ魂だけであり、これこそこの存在のそのものである」(クロワゼ)130頁

(44)「ソークラテースは言うことを望むのだ、主題を論じ尽すためには、未だ魂自身においてその種々の部分をそしてなかんづく理性を、見分けなくてはならぬ、ただ単に人々の各々において身体と魂だけを見分けることで満足することの代わりに、とこう」(クロワゼ)130頁

(45)『カルミデース』篇一六四D以下を参照 132頁

(46)ホメーロス『イーリアース』五四六～五四九行に「人々は、他方、アテーナイ、その住まうによき城市、心の大きなエレクテウスの里を持ったが、その人をかつてアテーネー、ゼウスの娘が育てたのだが、だが生んだは小麦を与える大地。然るに、彼女はアテーナイにおいて彼女自身の豊かな社殿に下された」とあります。135頁

(47)「ソークラテースはここでずっと前(一二九B)で提出された問いとまた不十分に判断された答え(一三〇D)とに立ち戻っているのである。目下は問題は神託が〝汝自身〟と呼ぶものに徹底的に浸透することである」(クロワゼ)137頁

(48)岩波版はバーネットもクロワゼも読んでいるこの表現を削除しています。削除をする理由がそ

の註に述べられていませんので何とも言えませんが、〝すべての神的なものを〟というのをこの表現でもってパラフレイズするには及ばないのだということでしょうか。私は削除しないで読んでいます。140頁

(49) バーネットの底本の一三三C8〜16をクロワゼは疑いながらも一応読んでいますが、岩波版はそれを欠くBT写本のままで読んでいます。私もその方が妥当かと思いました。140頁

(50) 一三一B参照。クロワゼは参照箇所の指示に加えて「プラトーンはソープロシュネー(思慮の健全)という語を同時に知的でまた道徳的な意味において受け取っている。道徳的なというよりはまさにもっと知的な意味において」と註しています。140頁

(51) 「一三三C参照。ここで使用される諸々の語はそれの真実性が疑われている下りに大いに特に関係があるように見える。しかしながら、それらはただ単にそれに先立つ下りにのみ言及をなすことが出来るのだ」(クロワゼ) 145頁

(52) 「プラトーンは『国家』篇(五七一以下)において専制君主の肖像を描くに到っている。彼を彼の目へと本質的に描き出すところのもの、それはちょうど彼が彼を此処で言っているように自らに対して思うようになることを知らないことである」(クロワゼ) 146頁

(53) 「古註によると、コウノトリは幼い時に親鳥から受けた配慮を、長じてから年とった親鳥に返すと言われているとのことである。云々」(岩波版、田中美知太郎 一〇七頁) 149頁

(平成二十四年三月二十八日午後二時二十八分、擱筆)

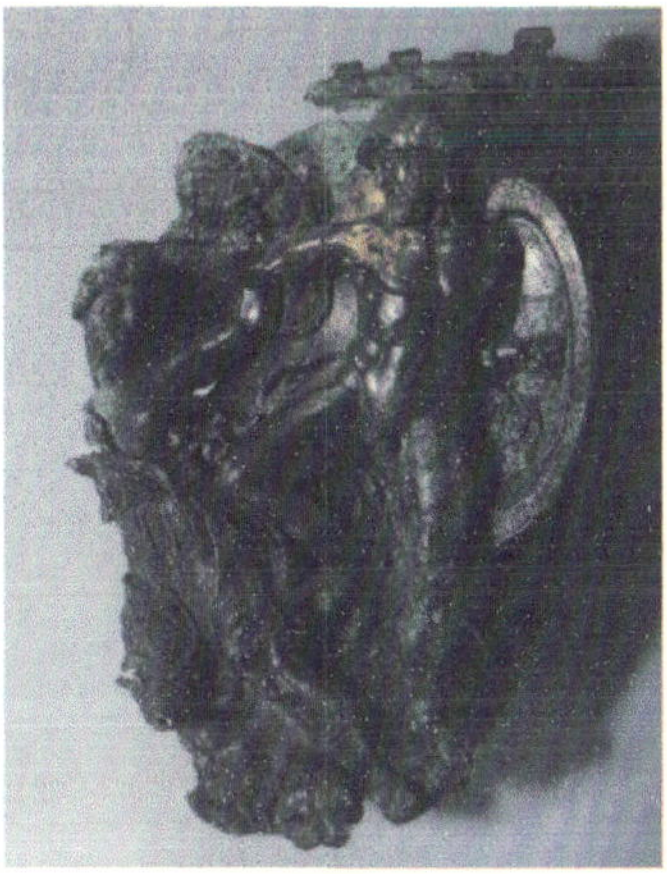

アマゾノマキア、鎧胸当ての肩の留め具

出典：小学館『世界美術大全集 第４巻』

ヒッパルコス

――或いは強欲者――

『ヒッパルコス』篇をこう読む

一

先ずは内容目次を示しましょう。
第一章（225a1-226d1）利得愛好者は何者であるか、利得の期待
第二章（226d2-227d3）「利得愛求者」について齟齬する「すべての人が然り」とする見方と「誰一人然らず」とする見方
第三章（227d4-228a5）ソークラテース、友人の議論の仕方を分析する。
第四章（228a6-229d7）友人の議論の欺き、ヒッパルコスに従うソークラテースの友人への欺きの忌避
第五章（229d8-230d8）特称命題的に利得が有益無害を云々されても利得は等しく利得である。
第六章（230d9-232a5）「利得は善きもの」とする二度の議論
第七章（232a6-232c9）善き人悪しき人、すべからく利得愛求者であること

二

伝統的に添えられて来た〝或いは利得愛求者〟というその副題からしてこの『ヒッパルコス』篇が本篇を含む第六巻が『善・快楽・魂』という問題意識の下で編まれていることに「善」と「魂」

という点ではすべからく絡むだろうことはほぼ誰にとっても思われることでしょう。ただ「快楽」という点ではどうなのかなということが或いは引っかかりを私どもに思わせるかも知れません。尤もしかしこの点も、もしも人が利得を求めてそれを得られるなら人は裕福になるわけですのでそれが愉快ではないことはないからには、やはりそういう快楽に絡んだことが問われているのかなとは私どもは予想をするでしょうか。何はともあれ、私どもは本篇において『善・快楽・魂』という問題がどのように本篇として問題ともされて行くのかということを丁寧に見て見る必要があることでしょう。

〔**だとすると、何なのかな、強欲とは。一体、何であり、誰たちが強欲者であるのか**〕(**冒頭**)

プラトーンの対話篇の冒頭は殆ど全て皆同じように何かしら鮮やかな仕方で始められていて、私どもその読者は何一つ有無を言うこと無く次々とその対話の展開へと引き入れられることにもなるわけですが、この『ヒッパルコス』篇の冒頭は何か些かショッキングかとも思われましょうか。〃寝耳に水〃などという表現がありますが、右に引いた冒頭の言葉は如何にもそういう感じを私どもに対して覚えさせるようなものにも思われますから。尤もしかし、彼の『メノーン』篇の冒頭の〃お出来ですか、言うことが、ソークラテース、はたして教えられるものなのか徳はと。それとも教えられ得るものではなく、否、訓練されるものなのか。それとも訓練されるものでも学ばれるものでもなく、否、自然本性において備わるものなのか人々には。或いはその他の仕方でもって〃という冒頭もいきなり問題そのものをガーンと私どもにもぶっつけて来るというその点で或いは本篇とも同じ〝寝耳に水〟の感じを与えもしましょうか。とは言え『メノーン』篇の場合には研究書などの教えるところに拠ればおよそ「徳」というものを問う当時の社会風潮の漲りというようなことがあったのだということを教えられますから、成程それならそのような問いが私どもの名だたる哲学者ソークラテースに投げかけられるのもそのような情勢からすれば確かに尤もなことかなと思われ、〝寝耳に水〟の感も多少は薄らぐことでしょうか。それに比し『ヒッパルコス』篇の右の冒頭の問題の投げかけにはそれを尤もなことだとする背景が見つかりにくい感じがして、〝寝耳に水〟の感じがどうしても残るのではないでしょうか。そこで私どもとしては、苦肉の策、人間世界の俗っぽさの底の底には俗悪な人間模様の批評というようなことが人々のこれもまた俗な関心事ともなるようなことがある。そしてそれが俗悪なこともまた人の話題とすることであればあるだけ、他面、それはモラルの学というか倫理学というかそのような或る高尚なところへとも引き上げられることもあった。だからまたプラトーンのアカデーメイアにおいて何か倫理学の練習問題でもあるかのように問題として出されたのだというようなことを思うことがその〝寝耳に水〟という感じをぬぐい去る便法ということにもなりましょうか。

私は浅学菲才ですのでこの冒頭の問いの提出について研究者たちがどんなことを言っているかこれを承知してはいませんので何とも言えませんが、私は学生時代に論文の書き方について指導されて〝問題に入る前にくだくだしたことを言い立てるべきではなく、端的にこそ問題には取り組むように〟という教えを受けましたが、その意味でこの冒頭のあり方を見直すと〝寝耳に水〟

であるどころか或る爽やかささえ或いは私どもは思うことともまた他面では出来ましょうか。何はともあれ〝寝耳に水〟の感のある冒頭の文章も、そのようにはっきりと提出されたのでした。

〔**この私には思われます、利得を得ることを期待する人々がだと、何の価値もないものどもからしてです**〕（二二五A3～4）

問題が端的に提出されましたので、その回答もまた同様に、ほぼ端的に先ずは右のように与えられます。だがしかし、この回答は余りにも含蓄があるというか暗黙裡にというか、そんな語り方でもって語られているでしょうか。何故なら、ここにはすでに次の三段論法も見られ何かしら〝強欲者〟の存在を一つの事実として証明しようとする構えがあり、加えてその大前提においては「目的—手段」という構造へとコミットがなされるのですが、にも拘らずそこで語られている「手段」というものが必ずしも明示的には語られてはいないからです。その三段論法とは——

大前提　人は往々にして利得に執心する余りすべからく利得を得ようとして無価値なものからさえも利得を得ようとする。

小前提　然るに、強欲者こそが利得に執心してすべからく利得を得ようとするその人である。

結論　故に、強欲者は無価値なものからさえも利得を得ようとする。

というものでありましょうが、とは言え「手段」ということにコミットして語られるその大前提においてはたしてその「目的」をはたすべき「手段」はまさにその資格をもった「手段」としてこそ語られていると言えるでしょうか。むしろただ所謂〝目的のためには手段を選ばず〟というそれだけのことがその「手段」に関しては言われているだけであり、「無価値なもの」とはそれが何であるかの把握の如何は問われないままに放り出されているとも言ってよいでしょう。然り、それ故にこそソークラテースは「無価値なもの」というものに対し強欲者はどういう認識を持つのかと問うというのです。そこでソークラテースの立場からすればおよそ「手段」ともなるべき〝無価値なものから〟ということに関する知識の欠如とはまた利得を獲得するというその「目的」を遂げる行為そのものが知識には依拠しないことを意味することになりますが、けれどもその点こそをソークラテースの友人はまさに強欲者の中に認めて、故にその友人は再度ソークラテースの「手段たるべきものの認識は如何」という絡みに対しても答えながら、新たな言い方で自らの強欲者観を再度答えることになります。曰く――

〔いやしかし、私は知性を欠く者らとして語ってはいないのです。否、何でも遣ってのけ劣悪で利得には敵し難い者を、だが認識している者らこそを語っているのです、何の価値もありはせぬ、それらから彼らが敢えて利得を得ようとしているものどもはと。しかしそれにも拘らず私は語るのですが、彼らは敢えて強欲に振舞うのだ、無恥の故にと〕（二二五A８～B３）

最初の言い方とこの言い方との間の相違の何であるかは、ほぼ明かでしょうか。最初の言い方では目的の実現のために採られる手段に対しての強欲者の知識の所有如何にはコミットはしないそのままで強欲者のあり方が語られていたのに対して、今度の言い方でははっきりとその認識はあるのだとされていることでしょう。だとすれば、言うまでもなくそうしたことは事実あり得ることなのかとソークラテースによって問われなくてはならない。ソークラテースはしつこい程に例を挙げて「目的のためには手段を選ばず」ということがあり得るかと問う。一例だけ引けば

〔**いやしかし、将軍は彼の軍隊が何の価値もない武器を持っているのだと認識していつつも思うだろうか、それらからして利得を上げることを、また利得を上げることを期待するだろうか**〕（二二六C３〜５）

とこう言われて、目的の成就にとって必要な手段の認識が欠けていては目的の成就とは適うことではないというのが事実の示すところではないかと友人の言い分を反論します。しかしながら、その友人はそう反駁されてもなおこう三度また繰り返さざるを得ません。曰く、

〔**いやしかし、この私は、ソークラテース、語ろうと望んでいるのですよ、これらの人々こそは強欲者なのだと。すなわち、その折々に強欲の下、全くちっぽけで僅かばかりでまた無にも等しい価値のものどもに途方もなく執心して強欲である者どもをです**〕（二二六D７〜E２）

とこう。これは、思うに「強欲者にも手段の知識はあるとしたこととは実は手段として採られた事柄そのものについてその知識があるのだというその意味ではなく、否、目的には手段があるのだということのその知識の意味なのだ」ということこそその実際の意味だったということからのことでしょう。要するに「強欲者は目的のためにということで手段を選びはしてはいない。彼にとっては、手段はそれとしての意味は失われてこそあるのだ」ということです。

三

〔さればもし認識していてのことではないのなら、明らかに認識を欠いてはいるが、他方、何の価値もないことどもを多大の価値があるのだと思ってのことなのではないか〕（二二六Ｅ７〜８）

以上のように見られるとすれば、「手段」というものをまさに手段という事柄としてのその知識を欠きながらなお何でもあれ目的のためには手段を採るということは、すぐにソークラテースが解釈して右のように語るように、「目的には手段があるのだ」という知識と「手段をまさしく事柄としてはそれと知らない」ということとを両立させる中間的なあり方、すなわち「事柄としての手段ではないものであれ、目的のための手段だと思い込んで手段とする」というあり方だということになりましょう。これはまさにソークラテースの哲学が厳しく弾劾するところの、私どもの知性がドクサ（思惑・思いなし）に止まってあるあり方からの行為の明確な剔抉でしょうか。

ここまでが一つの議論からの一つの確認ですが、引続く議論は二つの見方が対立的に出て来ることを言うものとなっています。次のように、すなわち、――

イ、一方、例えば将軍が無価値な武器の備えからは勝利を勝ち取ることは出来ないのだと承知しているように、人はもしも無価値だと人が知っているその手段から目的の成就をさせようなどとはすべからく考えはしないのだ。故に、もし無価値な備えから利得を思うというのが強欲者なのだとすれば、そうした強欲者はあり得ないのだとすべきであると、こう言わなくてはならない（↓強欲者の存在否定）。

ロ、他方、一つの線として「利得―善きもの―好ましいもの」というのがあり、それとまさに反対の線として「損失―悪―それの受動を被害だとしておよそ人が善しとはしないもの」というそれがありそして「強欲者はすべからく利得を求める」というのであれば、ここからは万人が利得すなわち善きものを好むのなら、その万人は強欲者であるという結論となる（↓万人の強欲も善きものこそのそれだとして、強欲である万人の存在肯定）

とこのように。従って、これは相対立し相互に矛盾する二つの見方であればどちらか一方を採るしかないのではないかとソークラテースがもちかけるのに対して、だがソークラテースの友人はそれも〝強欲者〟についての全うな把握に基づいてこそのことでなくてはならぬとなしながら、その〝強欲者〟の全うな把握というのをもう一度更に精錬し直して

〔誰でもあれ次のことどもにおいて熱心となり、そしてそれらから利得を上げることを期待する人です。曰く、それらからしては有用の人は敢えて利得をあげようとはせぬことどもから〕（二二七D1〜3）

ということなのだとします。強欲者の採るその「手段」とは例えそれが「思惑」により採られるそれではあっても、「知識」に基づいてこそその「手段」を採るような有用の人とは違って敢えて採るその「敢行」によって採用されるその手段こそがそれなのであると。だがしかし、そうだとすれば私どもはここにおよそ「手段」というものが一つ知識に基づくもの・二つ思惑に拠るもの・三つ敢行によって採られるものという、都合三つの形で考えられることを見ることになることで

しょうか。尤もしかし或いはソークラテースからするとその「敢行」というものも所詮は「思惑」の系にも過ぎないのだとされるとすれば、やはり「知識」によるか「思惑」に拠るかの二つともなることでしょう。従って、ともかくも「敢行」の意味は微妙に思われ私どもはよくよく考えてみなくてはならないのだということでしょうか。

さてしかし、ソークラテースは右の如くその友人が〝強欲者〟についての全うな把握を語ったのに対して、友人の議論の含むところを分析することへと向います。そこで――

イ、友人の議論は一方で「利得を得ること＝裨益されること」だとし、他方では「万人は善きものを欲する」とするものであることを再確認させ、そこから「善き人もまた利得を求める」ということが帰結することも同意させる。しかしながら、これに対して友人は

ロ、善き人々も彼らがそれによって被害を蒙る利得を持つことはこれを望まないのだと、こう「善き人々の利得の追求」に関し条件づけをする。そこでソークラテースはそこを問うて、

ハ、「被害を蒙る利得」と友人が言う場合のそのまさしく「被害を蒙る」とはすなわち「損失を蒙る」ことであることに想到させ、そこでその「損失を蒙る」ということのその出所を問う。

ニ、友人は答える。曰く、「それは損失によりかつまた有害な利得によって」とこう。

ホ、ソークラテースはしかしそこで友人の「有害な利得」という発言がもたらす矛盾を明るみにもたらします。すなわち、友人は一方では右のイの如く「利得＝裨益＝万人の善きものの、つまりそれ故に善き人の利得の追求」という線を承認していた。然るに、彼が「有害な利得」

ということをこの今に言う場合にはその認識は「善き事柄は劣悪ならず。利得は損失という悪の反対、悪しきものの反対は善きもの、すなわち、利得とは善きものである」という線と矛盾するのではないかと致します。

すなわち、ソークラテースに拠れば「万人の善きものへの望み」とはその追求において「手段」が知識に基づいて採られたものでこそあればそこに「有害な利得」というものを思わせるようなものではないのに対して、その友人が説く「敢行によって求められる利得」とはそんな「有害な利得」というものまでをもその形の利得追求からもたらしてしまうのだということでしょうか。ここにおいて「手段」が「知識に」こそ基づいて採られるかそれとも単に「敢行」というそんなことで決められて来るかということは、その追求の成果をはっきりと二つに相違するものとして示してしまうことが見られるのだと言ってよいでしょう。

四

ここで対話はちょっとした幕間といったものへと入り、対話する二人は最初にソークラテースが友人の議論はペテンまがいだと批評するのに対して他方の友人の方は、ソークラテースの議論こそが〃上を下へとひっくり返す〃ただそれだけのものではないのかと逆襲するということになり、そんなことでソークラテースが「私が君の指摘のそのままだと善にして賢なる人に従わず善からぬことをしていることになるのだ」と言って、自分にはそういう人に服するモラルがあるのだと語り始めます。その要点は往にし方に賢者だったヒッパルコスが路傍に立てたヘルメース像に「友を欺くなかれ」という言葉があったことを言い、されば私は友人たるあなたを欺いたりは決してないのだということを言うにありましょうか。だがしかし、そういう幕間も友人の〔**あなたは恐らくは、それならですよ、ソークラテース、或いは友達だと私をお考えではおられないか、或いはもし友達だとお考えだとヒッパルコスに服しておられないかなのです。何故なら、この私はあなたがこの私を欺いていらっしゃらないのだという風には——とは言え、どんな仕方であるかが分らないのですが——これらの議論においてですけれども、納得をすることが出来ないのですから**〕（二二九D8〜E2）

という一種何か恨み言といった言葉でもって開けられ、ソークラテースは議論の再構築へとこそ向わなくてはならぬということになります。

そこでその議論の再構築ということですが、無論そこには依然として同意し合うことの出来ることがあり、

イ、すべての人が善きものをこそ欲すること

ロ、損失を蒙ること或いは損失は悪であること

ハ、利得或いは利得の獲得は損失或いは損失を蒙ることの反対であること

これらイロハの三点は今も取り消すには及ばぬこととされます。しかし何かを碁の遊びの最中に打った悪手に待ったをして取り消すように、この議論において何かを打った悪手として待ったを

かけなくてはならないか。それは

〔**「利得を得ることは悪の反対（＝善）ではない」という風にして「利得＝善」なる認識をすることこそが悪手なのだ**〕

ということになり、友人はその全称命題的な「利得＝善」を取り消しそこに部分否定ということを持ち込む必要を思い、「すべての利得が善なのではない」として、「敢行」による強欲者のなす利得の獲得にもそれとしての余地を与えようと致します。そうするとこの考え方からする時には「利得のその中で或るものは善きものだが或るものは悪しくあるのだということになる」というそのことをソークラテースは友人に確認させることになります。このことの同意或いは譲歩は、しかし、およそ利得を追求するその手段というものが「知識」に基づいてこそ採られているのであれば認められないことではありますから、ソークラテースはそのようにして獲得をされるその利得をではなくて、否、飽くまでも「敢行」ということで獲得をされるその利得の場合に限ってこそなしたものだと言わなくてはならないことでしょう。だが、それはともかくとして、二人の対話はこのように相違する「善き利得」と「悪しき利得」というそのことについてもそれぞれがともかくも等しく「利得」なのだと語られる時、その「利得」にはたして多寡があるかどうかということを問うことになります。そしてそうした問いを問う問い方とはこういう問い方なのだと類比的な議論によった説明が与えられます。曰く、

イ、食物は善いそれと悪いそれとがあるが、それらが同じようにこのものすなわち食物である

限りでは本質上相互に相違はなく、一が善いとされたが他は悪いとされる限りで異なるのみ
ロ、同様に、飲物その他、また人もそれらが本質上同じものでありながら善悪を語られるのだ
とすれば、同じ本質のものである限りでは相互に何らの相違もない。人は人であるその限り
ではより多く人であることもより少なく人であることもない。

とこう。これはおよそ私どもがものの本質をそれと決めた時には、そこではただその本質だけが
それとして認められるそれだけのことであり、その本質がそれ以上に或いはそれ以下に本質とも
されるようなことはおよそ「本質」を言うことの定義に反するのだということでしょうか。誰に
とってもこれは自明でありそしてまた平明な真理だとされることでしょう。従ってまたそこから
その先で問われた問いは、無論、

**〔さればその通りに利得についてもまた思考することにしようではないか。とにかく利得として
は同じようにあるのだ、劣悪なのも有用なのも〕**（二三〇C８～９）

と、こう答えられることになります。

五

右のように一つの真理が確認されたとすれば問題の「利得」の本質を私どもはどのように同定
するのかとその問いを対話が問うことは、まことにもって自然なことでしょうか。そして対話は
再びその問いのあり方を類比的に説明します。曰く、

イ、善い食物も悪いそれも〝身体にとっての乾いた滋養物だ〟ということがその本質である。

ロ、有益であれ有害であれ〝身体にとっての湿った滋養物だ〟ということが飲物の本質である。

とこう。それでは食物と飲物とのそれぞれの本質のこのような語り方と類比的に語るとすれば、およそ「利得」の本質はどのように語られて来るか。そこをソークラテースは自ら進んで語って、

〔**すべて一切の獲得の、人がまあ何であれそれを、或いは何一つも費やさずに或いは僅かばかりを費やして、その上でより多くだとして手に入れるもの、これが利得である**〕（二三一A6〜8）

という風に語ります。だがしかし、無論、右に〝手に入れる〟と言われていることはそれがただ無規定にだけで言われてはならないわけです。何故なら、例えばただで御馳走に与ってもそれで病気を得ればそれは何の利得でもなく、人はその場合には健康をこそ得ていなくてはならないのですから。すなわち、当然のことながら「悪しきものを得れば損害を得ることになり、善きものを得ればこそ利得を得るのだ」と言われなくてはなりません。しかしながら、このことは先にもすでに一度言われていたことでした（二二七A）。とは言え、同じことを再び語るに到ることにはそこに然るべき前進がなくては無意味に終るだけのことでしょう。ソークラテースとその友人は「人がより少なく費やしてより多くの利得（ただし「善きもの」として）を得るならそれこそが利得であるとすることを、例題を出しつつ考える中で、対話の前進を見るそのことへと向います。すなわち、人が金の半分の重さを費やして銀の二倍の重さを手に入れるとすれば、彼ははたして利得を得たのであるかと。ここには銀が二倍として手に入った、金は半分を費やしたということ

があり二倍は半分よりも多いということがあるが、それは先の「利得」の定義を全く満足させることとなろうか。「否、断じて」と友人は答える。何故なら、そもそも金と銀とのそれらとしての価値の比率は十二対一でもあればただ「重さ」だけの比較ならば半分対二倍ともなろうが、とは言え「価値」の比較からすれば六対二、すなわち三対一の価値になってしまったのだから四倍の損失ともなってしまう。「より少ない費やしからより多い獲得をこそ」ということが「利得」そのものの謂いであることの要諦とはまさに「価値」なのだということが、かくて一つの議論の前進として見られて来るわけです。ここに人は「価値がある＝所有するに価値がある＝利益となってくれる＝それは善きものである」という一連の筋を思うことを、最終的になし得るでしょうか。かくては二人の対話は幾度も「利得のあるものは善きものである」という結論を得たというわけです。

六

さればすべての対話も今やその結論を語ることとともなって行きます、次のようにして。
二人の先だっての対話は二二七D10～E2の箇所で

ソークラテース　されば善き人たちもまたすべての利得を持つことを望むのではないか、苟もそれらがとにかく善きものであれば。

友人　いや、とにかく彼らがですよ、ソークラテース、まさしくそれらから害を受けようとして

いる諸々の利得を持つことは否ですよ。

というように遣り取りをしていました。またそのことは加えて友人が「利得」とは全称命題的に単に「利得＝善きもの」とされるべきではなく、否、「利得」の或るものは善いものであるがその或るものは悪しきものであるとしてソークラテースをして〔**して見ると、君には思われるのだな、どうやら、利得の或るものは、一方、善きものであるのが、他方、或るものは悪しくあるのだと**〕と語らしめる時（二三〇A5〜6）再度主張されたことでした。然るにその「利得」の特称命題的なあり方の主張がここではもう一度全称命題的なあり方でこそ語られるべきものなのだと変更することを余儀なくされている分けです。であれば一方で有用の人々がすべからく善きものどもを望み、他方で劣悪な人々もまた小にせよ大にもせよ利得を愛するということがあるとすれば、人は皆「利得」の愛好家だとしては等しく強欲者だとされるのではないか。こんな一つの奇妙なパラドックスを語るようなことになります。何故なら、善き人々の「手段」を知識の形で求めてこそ「利得」を得ようとするその行為と、他方、「敢行」という思惑で押し切り「利得」を得んとする行為との相違が我々には厳格にあったからです。この奇妙或いは議論の破綻とは何なのか。「敢行」（トルマ）は彼のアンティゴネーにおいては「神の法」の光りを受けたものとして知識の高みにあり得たとしても、強欲者のそれはただ見境がないことに過ぎぬことでしょう。「知識」と「思惑」とを峻別するのがプラトーン本来なのだとすれば、やはり本篇は偽書なのでしょうか。

（平成二十四年五月十三日午前五時二十九分、擱筆）

『ヒッパルコス』篇翻訳

登場人物
ソークラテース
友人

ヒッパルコス

225 **ソークラテース** だとすると、[1]何なのかな、強欲とは。一体、何であり、誰たちが強欲者なのであるか。

友人 この私には思われますね、利得を得ることを期待する人々がだと、何の価値もないものどもから。[2]

ソークラテース されば君にはどちらだと彼らは思われるのかな、何の価値もないのだと認識していながらにもそうなのか、それとも認識を欠きながらもそうであるのか。何故なら、もし彼らが認識を欠きながらにもというのであれば、君は知性を欠く者らとして強欲者らを語るのだからだ。

B **友人** いやしかし、私は知性を欠く者らとして語ってはいないのです、否、何でも遣ってのけ劣悪で利得にはより劣る者を、だが認識してはいる者らこそを語っているのです、何の価値もありはせぬ、それらから彼らが敢えて利得を得ようとしているものどもはとは。だがそれにも拘らず、私は語るのですが、彼らは敢えて強欲に振舞うわけです、無恥の故に。

ソークラテース さればはたしてこんな者として君は語るのかね、強欲者らを。つまり、例えば、もしも農夫の男が植物を植えながらもまたその際何の価値もないのだその植物はと認識していながらにもそれの育て上げられたのからは利得を上げることを期待するならばといったような者だ。はたしてまさしくそのようなもの者として君は語るのかな。

友人　万事につけ、とにかく強欲者は、ソークラテース、利得を上げなきゃと思っているのですよ。

ソークラテース　どうか僕にはそんなふうに無頓着にはあってくれ給うなよ、まるで何か
C 誰かから危害を加えられてしまっていてというかのように。否、この僕に注意をして答えてくれ給え、ちょうどもしも最初からもう一度僕が質問して行ったならば注意してくれるというそのようにだ。君は同意しているのではないか、強欲者とは知識者なのだとだよ、そこからして彼が利得を上げることを期待しているそのものの方についてはさ。

友人　とまれこの私ならですね。

ソークラテース　されば誰が知識者なのだろうか、諸々の植物の価値については、つまり、それらがどのような季節《ホーラー》であれまた土地《コーラー》であれそこにおいて植えつけられるべくある価値であるが。これは何かしらこの我々もまた賢者たちの言葉遣いに属するものを入れ込もうためなのだがね。諸々の裁判沙汰をめぐり腕達者な者たちがそれらに関して洒落て見せるのをね。

D **友人**　この私は先ずは思います、それは農夫だと。

ソークラテース　されば利得をあげることを期待することを別の何かだと君は語るのかな、利得をあげなくてはならぬと思うこととよりは別の。

友人　いや、そのこととしてです。

ソークラテース　それならだよ、僕を騙そうとなどしてはくれ給うな、男のもう一層年長

226 なのをそのように若くてありながらに。答えるのに、ちょうど今し方そうしたように、自分でも君がそう思ってはいないことどもを答えてさ。いや、真実にそうある仕方で言ってくれ給え。はたしてまさにおるのだと君はするのかね、君がその者を農夫だとして生まれている、そして何の価値もないものとして植物を植えているのだと認識していながらにも、彼はそれからして利得を上げることを思っているのだとこう思う者がだよ。

友人　ゼウスに誓って、とにかくこの私はそう思いません。

ソークラテース　だが、どうだね。馬術家は何の価値もない餌を彼が馬に提供しているのだと認識していながらその彼が認識を欠いてあると君は思うかね、彼は馬を損なっているのだということをだよ。

友人　とにかくこの私なら、そうは思いません。

B **ソークラテース**　して見ると、彼はとにかく思ってはいないわけだね、それらの何の価値もない餌からして利得を上げることは。

友人　ええ、思ってはいません。

ソークラテース　だがしかし、どうだろうか。船長が何の価値もない帆や舵を船に備えておきながら、それで認識を彼が欠いていると君は思うかな。彼が必ずやその罰を受けることだろう、そして恐らく自らが命を落としまた船をそして彼が導いているすべてをも滅ぼそうとしているというその認識を。

C

友人　いいえ、とにかくこの私なら、そうは思いはしません。

ソークラテース　して見ると、彼はとにかく思いはしないわけだね、利得を上げることを、何の価値もない諸々の備えからしては。

友人　思いませんからね。

ソークラテース　いやしかし、将軍は彼の軍隊が何の価値もない武器を持っているのだと認識していつつ思うだろうか、それらからして利得を上げることを、また利得を上げることを期待するだろうか。

友人　いいえ、決して。

D

ソークラテース　いやしかし、笛吹が何の価値もない笛を持ちながら、或いはキタラ奏者がリュラーを、或いは射手が弓を、或いはその他の誰でもあれ纏めて言って諸々の職人たちの中の或いは頭の使える人々の中のその誰にもせよその者が、何の価値もない道具を或いはその他のどういったものであれ用具を持ちながら、それらから利得を上げることを期待するだろうか。

友人　されば、とにかく彼はそう見えは致しません。

二

ソークラテース　されは、一体、どんな者どもを君は語るのかね、強欲者であると。何故

E

なら、何処かしら、ともかくも我々が詳細に論じて来た者どもをではなく、無為な、誰たちでもあれ何一つも価値はないのだと認識していながらもそれらからして利得を上げなくてはならぬと思っている人々をなのだから。しかしながら、そのようにしてでは先ず、驚くべき君よ、さながら君の語る通り、あり得ないのだよ、人々の中で誰一人も強欲者としては。

友人　いやしかし、この私は、ソークラテース、語ろうと望んでいるのですよ、これらの人々こそ強欲者なのだと。すなわち、その折々に、強欲の下、全くちっぽけで僅かばかりでまた無にも等しい価値のものどもに途方もなく執心して強欲である者どもをです。

ソークラテース　それはきっと、いとも優れた君よ、認識をしてのことではないのだよ、何の価値もないのだということをね。何故なら、その点で、先ずはすでに我々自身を議論でもって我々はすっかり論駁したのだったから、不可能なのだとだ。

友人　とにかくこの私にはそう思われます。

ソークラテース　さればもし認識していてのことではないのなら、明らかに認識を欠いてはいるが、他方、何の価値もないことどもを多大の価値があるのだと思っていてのことなのではないか。

友人　そう見えます。

ソークラテース　されば、とにかく強欲者だとすれば利得を好むというのだね。

友人　ええ、それはそうです。

227 **ソークラテース**　だがしかし、利得を君は語るのだね、損失に対する反対としてこそ。

友人　とにかくこの私なら。

ソークラテース　されば実にあるであろうか、誰でもあれその人に善きものとして損失を蒙ることがある人が。

友人　誰一人にもありませんよ。

ソークラテース　否、悪としてだね。

友人　ええ、そうです。

ソークラテース　害されるのだ、損失によって人々は。

友人　害されます。

ソークラテース　して見ると、悪しきことなのだ、損失は。

友人　ええ。

ソークラテース　他方、損失に対しては反対なのだ、利得は。

友人　反対です。

ソークラテース　して見ると、善きものなのだ、利得は。

友人　ええ(4)。

B **ソークラテース**　されば、善きものを好んでいる人々を強欲者だと君は呼ぶわけだ。

友人　そのようです。

ソークラテース　ともかく気の狂った人々として、友よ、君は語っているのではないのだ、強欲者の者たちを。いやしかし、君自身はどちらなのだ、何であれ善きものを好むのかね、それとも好みはしないのか。

友人　とにかくこの私なら好みますとも。

ソークラテース　けれども、あるのかね、何か善きものが、それを君が好まぬものとして。否、悪が好むものだとして。

友人　ゼウスに誓って、とにかくこの私は悪を好みなどは致しませんよ。

ソークラテース　いやしかし、すべての善きことどもを、多分、君は好むのだ。

友人　ええ、そうです。

C

ソークラテース　さあそこで、君は尋ね給え、この僕に対しても。この僕もまた好まないのかどうかと。何故なら、同意をすることだろうからだ、この僕もまた君に善きことどもを好むことを。いや、この僕や君に加えて他の人間たちすべてが君には思われないかね、善きものどもを好み、他方、悪しきことどもを憎んでいるのだと。

友人　とにかくこの私にであれば、彼らはそう見えます。

ソークラテース　だがしかし、利得を善きものなのだと我々は同意した。

友人　ええ。

ソークラテース　またあらためて万人が強欲者だとこの仕方で現われている。だが、先に我々が語っていたその遣り方では誰一人も強欲者ではなかった[5]。されば人はどちらの議論を用いれば過たないことであろうか。

D **友人**　もし人が、ソークラテース、思うに全うに強欲者を把握すればですよ。だがしかし、全うにとはこの者をこそ強欲者だと考えることです、すなわち、誰でもあれ次のことどもにおいて熱心となりそしてそれらから利得を上げることを期待する人です、曰く、それらからしては有用の人々は敢えて利得を上げようとはせぬことどもから。

三

ソークラテース　いやしかし、君は見てみ給えよ、この上もなく甘い君よ、利得を上げることを先程に我々は利益を得ることだと同意したのだよ。

友人　されば、何だというのですか、さあそこでそのことを。

ソークラテース　このこともまたそのことに付け加えて我々は同意をしたのだということだよ、すなわち、善きことどもをこそ望むのだ、万人はそして常にとこう。

友人　ええ、同意致しました。

ソークラテース　されば善き人たちもまたすべての利得を持つことを望むのではないか、苟もそれらがとにかく善きものであれば。

E **友人**　いや、とにかく彼らがですよ、ソークラテース、まさしくそれらから害を受けよう

228

としている諸々の利得を持つことは否ですよ。

ソークラテース　とは言え、害を受けるとは損失を蒙ることとして君は語っているのだね、それとも別の何かなのか。

友人　いいえ、別ではありません、損失を蒙ることをこそ私は語るのです。

ソークラテース　されば利得によって損失を蒙るのかね、それとも損失によってそうなのかね。

友人　両方によってですよ。何故なら、損失によってもまた損失を人々は蒙るのであるし、劣悪な利得によってもまたそうなのですから。

ソークラテース　そもそも、されば君には思われるのかね、或る有用で善き事柄が劣悪であるのだと。

友人　とにかくこの私にはそうは思われません。

ソークラテース　されば我々は同意をしなかったかな、僅かばかり前に利得は損失という悪しきものと反対なのだと。

友人　肯定致します。

ソークラテース　然るに、悪しきものに反対のものとして善きものはあるのだね。

友人　何故なら、そう我々は同意したのでしたから。

四

ソークラテース　されば、君、見給え、君は僕を欺こうとしているのをさ、先程に我々が同意したことどももと反対のことどもをわざと語りながらにね。

友人　欺いてなどいませんよ、ゼウスに誓って、いや、その反対にあなたこそが私を欺いておられるのであり、またどうしてであるかは分かりませんがこれら議論の中で上を下へと引っ張り回して[6]おられるのですよ。

B

ソークラテース　滅多なことを言っちゃあいかん。それじゃ実に僕はよからぬことをしていることになるのだよ、善にして賢なる者に従わないでいて。

友人　誰に対してですか。それに取り分け何故に。

ソークラテース　一方ではこの僕とかつまた君との同市民であり、他方でピライダイ区の[7]出のペイシストラトスの[8]息子のヒッパルコスに[9]対してさ。

彼はペイシストラトスの子供たちの中で最も年長でまた最も賢明であったが、その他にもまた多くの見事な智慧の業績を成就したのだがまたホメーロスの諸々の詩句を初めてこの地へともたらし、吟唱詩人たちにパンアテーナイの大祭の折りに引き続き次々にそれらを歌い

C

通すようにさせたのだ。それはちょうどこの今になおこれらの人々がしているようにとだ。またテオース島の人アナクレオーンに[10]向っては五十の櫂の船を送ってポリスに連れて来たし他方、ケオースの人シモーニデースを[11]何時も自らの回りに持っていたのだった、多大の報酬

と贈り物とてもって納得させて。しかし、それらのことを彼は遣ったのだった、市民たちを
教育することを望んでである、出来るだけ優れた者であるものとして彼が支配するために。
その際、彼は思うことはなかったのだ、誰一人にも智慧を惜しむべしとは。美にしてそして
善なる人物だったから。
　他方、彼によって市民たちの中でも市街地にいる人たちが教育されるに至り、そして彼を
D その智慧において讃歎することとなって、またあらためて田舎にいる人々を教育することを
企てて、彼らのために諸々のヘルメースの像[12]を道々に添って街と各々の区との中間に立て、
それから彼自身の智慧の、彼が学んだのも自ら見出したのもであったが、彼が最も智慧深い
と考えたところのものどもを選び出してそれらを自らエレゲイオン調へ[13]引き直して、自らの
詩作としてそして智慧の証しとして刻んだのだった。それは先ず第一にはデルポイの碑銘の
E 賢いそれら、「汝自らを認識せよ」とか「度を超すなかれ」とかその他そういったものどもを
讃歎するのではなくて、否、ヒッパルコスの言葉をこそより一層賢明なのだと考えるためで
あったが、次いでは上り下りに通りかかっては読んだ人々が彼の智慧の味わいを掴みながら
田舎から残りのことどもに向ってでも教育されようと通って来るためであった。
　然るに二つエピグラフはある。一方、各々のヘルメース像の左側においてはヘルメース像
229 が刻みつけられていたのである、街と区との中間に彼が立っているのだと語りながら。他方、
右側では

記念碑なり、これぞヒッパルコスの。歩めかし、正しきことどもを思慮しつつ。

と言っているのだ。他方、実にあるのだ、諸々の詩作の中にはまたその他のヘルメース像の中の沢山の見事なエピグラフが。とは言え、さあそこであるのだというわけだ、これもまたステイリアイ街道には。[14] そしてその中で彼は語っているのである――

B

記念碑なり、これぞヒッパルコスの。友を欺くことなかれ。

さればこの僕は君をこの私にとっての友だからきっと敢えて欺くようなことはしないことだろうし、また彼がそうした人であるのに対し不信であることもないことだろう。その彼が死んだ時にも三年間に渡って専制君主の支配をアテーナイ人たちは彼の兄弟のヒッピアースによって受けたのであり、またすべての古人たちから君は聞いたことだろうか、ただそれらの年月に渡ってのみ専制はアテーナイに生じたのであり、その他の時に渡ってはアテーナイ人たちは何か近い形で生きていたのだった、ちょうどクロノスが王位にあった時に[15] そうも生きていたように。

C

他方、語られているのである、より洗練された人々によって、彼の死もまた多くの人々が思ったことどもの故に、つまり(ハルモディオスの)姉妹の籠運びに対する侮辱の故に[16] 生じたのではないのだと――とにかくそれはおめでたい話しであれば――否、ハルモディオスはアリストゲイトーンの思う若者になっていて彼によって教育をされていたのであった。だがしかし、して見ると、大きな自負心を心に抱くようにとアリストゲイトーンもまたなったのであり、彼は競争相手だとヒッパルコスを考えたのだった。

D だがしかし、そうしたその時ハルモディオスその人は若者たちのかつまた美しくて気高い生まれの当時の者たちの中の或る者に、その他そういった者どもに、たまたま恋することとなったが——人々は彼の名前を語ってはいるが、この僕は覚えてはいないのだ——されば、若者のその者はしばらくは、一方、ハルモディオスとアリストゲイトーンとを賢者だとして讃歎したのであるが、次いでヒッパルコスと交わるに至るや彼らを軽蔑し、彼らはその侮辱に痛く苦しんでかくしてヒッパルコスを殺したとかいうことなのだ。

五

友人　あなたは恐らくは、それならです、ソークラテース、或いは友達だとは私をお考え
E ではいらっしゃらないか、或いはもし友達だとお考えだとヒッパルコスに服しておられないかなのです。何故なら、この私はあなたがこの私を欺いていらっしゃらないのだという風には——だがしかし、どんな仕方であるかが分からないわけですが——これらの議論においてですけれども、納得することが出来ないのですから。

ソークラテース　いやしかし、それならまたちょうど碁をしてでもいるかの如く[17]引っ込めてやるとしよう、何であれ語られたことどもの中のお望みのものを。それは君が欺かれたと思わないためだ。何故なら、このことを君のために僕は引っ込めようかな、善きことどもを

230

すべての人々が欲するわけではないのだというように。

友人　それはとにかく私には引っ込めないで下さい。

ソークラテース　いやしかし、損失を蒙ることや損失は悪しきことではないのだと。

友人　それはとにかく私には引っ込めないで下さい。

ソークラテース　いやしかし、損失と損失を蒙ることとに利得と利得を上げることが反対なのではないのだ、というようにだろうか。

友人　いいえ、そのことも。

ソークラテース　いやしかし、悪しきものに反対でありながら、利得を上げることは善きことではないのだというようにであろうか。

友人　ともかくも何かすべてがというわけではないのです。まさしくこの点を私のために引っ込めて下さい。

ソークラテース　して見ると、君に思われるのだな、どうやら、利得の或るものは、一方、善きものであるのだが、他方、或るものは悪しくあるのだと。

友人　とにかくこの私にはですね。

ソークラテース　僕は引っ込めよう、それならだよ、君のためにはその点を。何故なら、あるのだとするのだから、さあそこで、利得の或るものは善きものでありそして別の利得の或るものは悪しきものだとね。だがしかし、とにかく利得としてはそれらの中の善きものは悪しきものに比べて何ら一層そうだというわけではないのだ。そうじゃないか。
友人　どのように私にお尋ねなのですか。
ソークラテース　この僕か言うことにしよう。食べ物は或るものは善くかつまた悪くあるのだね。

B

友人　ええ、その通りです。
ソークラテース　さればはたして何か一層一が他に比較して食べ物なのであるのか、それとも同様にそのもの、食べ物、としてその両者はありそしてとまれその筋道では一が他から何一つ隔たることはない、食べ物であることに則しては。しかし、それらの一方は善きものであり他方は悪しきものである筋道でもって隔たるのだね。
友人　ええ。
ソークラテース　されば、飲物もその他のすべてのことどもも、あるとされるものどものの中にありながらも同一のものでありながら、或るものどもは、一方、善くあることを受けているものの、他方、或るものどもは悪しくあることを受けているが、その限りのものどもは、

C

とにかく何一つ彼の筋道でもっては一が他から隔たりなどはしないのだ、すなわち、同一のものである筋道でもっては。ちょうど、人がきっと、一方、或る人は有用だが、他方、或る人は劣悪であるように。
友人　ええ、その通りですね。

D

ソークラテース　だがしかし、とまれ人間としては、思うに、どちらがどちらに比べても一層多くも一層少なくもあることはないのであり、それは有用な人間が劣悪な人間に比較をされても劣悪な人間が有用な人間に比較されてもそうなのだ。
友人　真実のことどもをお語りです。
ソークラテース　さればその通りに利得についてもまた思考することにしようではないか、とにかく利得として同じようにあるのだ、劣悪なのも有用なのも。
友人　必然です。
ソークラテース　して見ると、何ら一層利得を上げているわけではないのだ、有用の利得を持っている者は無用のそれを持っている者に比較してね。とにかくどちらもより一層利得であるとは見えないだ、我々の同意しているところからしてね。
友人　ええ。
ソークラテース　何故なら、それらのどちらに対しても「より多く」も「より少なく」も付加されないのだから。
友人　確かにそうですからね。
ソークラテース　さあそこで、このような事柄でもってどんなにして人はより多く或いはより少なくまあ何事をではあれしたりされたりすることが考えられよう、そのものにとりそれらの何れもが付加されることがないものでもってだよ。

231 E

友人 それは不可能です。

六

ソークラテース それならだよ、諸々の利得として先ず同様にそして両者があるのでありまたそれらが利得的なのであれば、そこで実にこのことをこそ我々は考察するのでなくてはならないのだ。すなわち、曰く、一体、何の故にまさに両者を君は利得だと呼ぶのか、その際には君は何を同一のものとして両者において見ているのであるか。それはちょうどもしも君が僕に今し方のことどもを質問し、一体、何故、善き食べ物も悪しき食べ物も同様に両者を食べ物なのだと私は呼ぶのかとこう尋ね、私が君に言ったといったというようにである、すなわち、両者は身体への乾いた滋養であることの故に、その故にとまれ私はそう呼ぶのだとね。何故なら、思うに、それこそが食べ物であると君もまたまあ何処かしら我々に同意してくれるだろうからね。そうだろう。

友人 とにかくこの私ならば同意しますよ。

ソークラテース されば、飲物についてもまた回答の同じ仕方があることだろう。曰く、身体の水気を持った滋養に対して、それが有用であれ劣悪であれ、この名前、飲物というのがあるのだと。他のものどもにとっても同様だ。されば努めてくれ給え、君もまたこの僕を見習うことをね[18]、そのようにして答えながらにだ。有用な利得と劣悪な利得とを利得として

B

両者はあるのだと君は言うがそれは何を同一なものとしてそれらの中で見てのことなのかね。実にその故にこれもまた利得なのだというその何をだよ。だがしかし、またあらためてもし君が自分では答えることが出来ないのであれば、いやさあ、この僕が語って行くそこでよく見てみ給え。はたして利得とはこれを君は語るのであるか、すなわち、すべて一切の獲得の、人がまあ何であれそれを、或いは何一つも費やさずに、或いは僅かばかりを費やして、その上でより多くとして得るものだ。

友人　私はとまれ私には思われます、それこそを利得だと語っているのだと。

ソークラテース　はたしてこのようなことどももまた君は語るのかね、もし人が御馳走になった、何一つ費やさず、否、豪勢に食事をして、その上で病いを得るとすればという場合のことも。

友人　ゼウスに誓って、そんな場合のことは語りはしません。

ソークラテース　とは言え、もてなしから健康を得た上では、人は利得を得たことだろうか、それとも損失をであろうか。

友人　利得をですとも。

ソークラテース　して見ると、ともかくもこのことは利得ではないわけだ、どんなものであれ獲得を得ることが。

友人　否です、確かに。

C

ソークラテース　悪しきものを得るとするなら利得を得てはいないのか。それとも何でもあれ善きものを得てでさえ、利得を得ることにはならないだろうというのか。

友人　得るのだと見えますよ、もしとにかく善きものを得るのであれば。

ソークラテース　然るに、もし悪しきものを得るのであれば、損失を彼は得るのではないのか。

友人　とまれ、この私にはそう思われます。

ソークラテース　されば君は見るのだね、もう一度新たに君が同じところへと回り回って至っているのを。一方、利得は善きものだと見え、他方、損失は悪しきものと見えるのだ[19]。

友人　行き詰まっているのですよ、私は、何を私は言ったらよいのか。

ソークラテース　ともかく不当な仕方で君は行き詰まっていてではないのだよ。何故なら、なおこのこともまた君は答え給えってことだから。もし人がより少なく費やしてより多くを得るならば、君はそれが利得なのだと言うのだね。

D

友人　とにかく何か悪しきものをとは私は語りません。否、もし金であれ或いは銀であれより少なくを費やして多くを手に入れるならばそう語るのです。

ソークラテース　そしてこの僕もまさしくそのことを尋ねようとしているのだ。何故なら、さあここが肝要、もし人が金の半分の重さを費やして銀の二倍の重さを手に入れるとすれば、彼は利得を得ているのかな、それとも損失をであろうか。

E

友人　きっと損失をですよ、ソークラテース。十二倍のもの[20]代りに二倍として彼に金はあるのですから。

ソークラテース　そしてしかし、とにかくより多くを彼は手に入れているのだ。それとも二倍は半分よりより多くはないのかね。

友人　とにかく価値でもってしては銀は金よりも多くてはありません。

ソークラテース　して見ると、どうやら、利得にはこのもの、つまり、価値が付加されてあらねばならぬわけだ。この今に、とにかくされば、一方、銀は金よりは多くはあるが価値があるのだとは言わず、他方、金は少なくはあるけれども価値があるのだと言うのだ。

友人　強くそう主張します。何故なら、事はその通りなのですから。

ソークラテース　して見ると、一方、価値あるものは利得のあるもの、よしんば小さくてもあれ大きくてもあれ、であり、価値無きものとは利得がないものであるわけだ。

友人　ええ。

ソークラテース　とは言え、価値あるものとは、君は獲得してあるのに対してということでこそ価値があるのだと語るのだろうね。

友人　ええ、獲得してあるのに対してです。

ソークラテース　だがしかし、あらためて、獲得してあるのに価値あるものとは利益なきものなのか、或いは利益のあるものなのか。

232

友人　それはきっと利益あるものです。

ソークラテース　されば、利益あるものとは善きもののことではないのか。

友人　ええ。

ソークラテース　されば、万人の中で最も勇気ある君よ、利得のあるものとは善きものだとして、あらためてもう一度、三度或いは四度とここに来たってあるのではないか、我々にとって同意されて。

友人　どうやらですね。

七

ソークラテース　されば君は覚えているかな、何処から我々にとってこの議論が生ずるに至ったかを。

友人　とにかくそうは思いますが。

ソークラテース　だが、もしも君が覚えてはいないようであったなら、この僕が君を思い出させるよ。君は異論を出したのだよ、僕に、善き人々はすべての利得を利得としようとは望まず、否、諸々の利得の中でも善きものどもはこれを望むが劣悪なそれらは望まぬのだと。

B

友人　ええ、ええ。[21]

ソークラテース　されば、この今にはすべての利得を議論は我々をして強制してそれらが小であれ大でもあれ善きものであると同意させてしまったのではなかったか。

友人　何故なら、強制してしまったのですからね、ソークラテース。とにかくこの私を。説得をしてしまったというよりはむしろ一層ですね。

ソークラテース　いやしかし、多分、その後には説得しもすることだろう。だがしかし、この今は、さればよしまた君が納得するに至ってあろうとよしまたどのようにその持ち前があろうと、ともかくも君は我々と一緒にともに主張しているのだ、すべての利得は善きものなのだと、それらが小ではあれ大であれ。

友人　確かに私は同意するのですからね。

ソークラテース　他方、有用の人々はすべてが善きものどもを望むのだと同意するのだ。それとも違うかね。

友人　同意します。

ソークラテース　しかしながら、先ず、実に、とにかく劣悪な人々が、君自らが言ったのだが、小にせよ大にせよ　利得を愛するのだということをね。

友人　ええ、言いました。

ソークラテース　されば君の議論に即すれば、すべての人間が利得の愛好家（強欲者）だということになるだろう、有用の人々であれ劣悪な連中であれ。

友人　そう見えます。

C

ソークラテース　して見ると、全うには非難してはいないわけだ、もし或る人が或る人に対して利得の愛好家だということ（強欲者だということ）を非難するとすれば。何故なら、それらのことどもを非難している人、その人自らがちょうどそのような者であるのだから。

（平成二十年十一月九日午前十一時十分翻訳開始、同　日完了）

『ヒッパルコス』篇註

（1）ここの原文に「何故なら」という意味の γάρ という言葉が使われているのですが、岩波版の河井真氏の註（『プラトン全集6、p.155 註1』）に〝句読点については、デニストン（Denniston）の提案に従う。いずれにしても、対話のいとぐちとしてはいささか唐突である〟とあるように、いきなり何の用意もない私どもを問題の最中へと放り込むような口調には私どももまた多少の戸惑いを覚えることでしょうか。デニストンは γάρ を（The Greek Particles）Ⅰ．において問題の γάρ という語の語源論など一般論で述べたのち、Ⅱ．説明的用法、Ⅲ．γάρ の理由を現わし説明する用法の諸々の特質、Ⅳ．予想的な γάρ Ⅴ．諸々の答えにおいて Ⅵ．前進的な用法、諸々の回答・質問における、とこう順序立てて説明した上でⅥ番目に Progressive use というのを上げ、それを「質問の形をとる諸々の回答において γάρ は時として新たな論点への移行をこそ印しづける。それは話し手が

（イ）新たな示唆を先立つ前提の除去の後に差し出す時か、或いは

（ロ）彼が一つに主題に満足した上で何事かを更に学ぶことを欲するかという時である。両方の語法において「しかしながら」（ἀλλά）という語の並行的な用法がある。と語っています。そしてここから第Ⅶ番目として「諸々の省略的な問いは特別の注意に価するのだ」として私どものテクストがまさに問うている「だとすると何なのかな」と私が訳をした τί γάρ という問いを、省略的な問いなのだとの理解を示しています。人はそうも問うのだということです。184頁

（2）「人は翻訳出来たことだった、だがより少なく明確な仕方で。すなわち〃何の価値も見積もることのあり得ないそれからして利得を引き出すことを見積もる人々だ〃とこう。人はかくしてこそ〃価値がある〃と〃価値ありとする〃という用語を引き合わせているところの弟子よって意図された諸々の語の遊びをよりよく感じせしめたことだろう。諸々の語の遊びは幾度も対話のその後に繰り返して現われるのだ。225b,c,d 226c を見よ。ソークラテースは彼の対話者をしてその思考を正確にすることを強制するのであり、そして彼をして〃利得を得ることを期待する〃という表現とは〃利得を上げねばならぬと思う〃とそれらに対応することを認めさせるのである（225d）」（スイエ）184頁

（3）「演説家たちは彼らがこれらの好奇心をそそる、彼らが諸々の音節或いは字母を変えつつ作り出していたところの母音押韻を好んでいた。これらの遣り口は文法家に拠りパラノマシアー・ホモイオテレウトン・パリソンの名前などの下で定義されまた分類されるに到っていた。（中略）ゴルギアースはそのジャンルの創始者となっていたと見える。トゥーキューディデースにまたソークラテースはそれを真似るに到った。プラトーンはしばしばこのソフィストらの気取ってかつ有難いこの文体を模倣して楽しんだ。例えば、『饗宴』篇 185c『ゴルギアース』篇 467b を見よ」（スイエ）185頁

（4）「すべてこの一節は『プロータゴラース』篇（332c）で展開された説を想定している。各々のものはその反対を持つがより多くをではない。著者はここで利得と損失を、悪しくと旨くを対立させ、そして利得を旨くと損失を悪しくと同一視するのである」（スイエ）189頁

(5)「226dで取り決められた先立つ推論に拠れば、人は〝強欲な〟とは何の価値を持たぬところのものでもって利得をなすことを考える者を呼ぶことは出来ない。何故なら、如何なる人間も、もし彼が間抜けではないとすれば、利益を彼が何の価値をも知らないものから引き出すことを想像することはできないから、とされていた」(スイエ) 191頁

(6)『ゴルギアース』篇(511a)にも〝私は分りません、あなたがどんな筋道でこれらの議論を上へ下へと捻り回しておられるのか〟とあります。193頁

(7)岩波版(『プラトン』全集6 p.136)の註1では「古註では、アイゲウスの一族といわれる区(デモス)。また、プルタルコスの「ソロン伝(一〇)によると、アイアスの子、ピライオスにちなんで名づけられた区、と説明されている」とあります。193頁

(8)アテーナイの僭主(テュランノス)で生年は前六〇〇年頃~前五二七年、在位は前五六一年~五二七年、アテーナイ、父母ともに名門の出で彼のソローンの友人、その治世は後にクロノスの黄金時代とも謳われるようになり、大ディオニュシア祭りの創設やホメーロスの二大叙事詩を結集させ編纂させた業績はテクストにあるように大きい。193頁

(9)アリストテレース(『アテーナイ人の国制』18の1)はヒッパルコスを〝他方、ヒッパルコスは陽気で恋心を持ちムーサを好む者であった(またアナクレオーンとシモーニデースその他の詩人たちの回りの人々を彼こそが呼び寄せた人であった〟と述べています」193頁

(10)「アナクレオーンは宮廷詩人であった。またアテーナイの諸々の大家族は彼を得ようと争った。『カルミデース』篇一五七Eを参照。193頁

（11）註9の『アテーナイ人の国制18の1』を参照。シモニデースは固有に言われるリリシズムにおいてのようにエレゲイオン（哀歌）において卓越している。彼はすべてに通暁し、すなわちすべてに関心を持っている。人は彼に対して記憶術の発明と新しい文字のアルファベットとの導入を帰している。これは実践的な智慧と理性の人であり権勢家たちに聞き入れられる助言者である（スイエ）193頁

（12）オリュムポスの十二神の一人、ゼウスとアトラースの娘マイアーとの間に産まれたその末子。彼はギリシア先住民族の神でありその崇拝の中心はアルカディア地方でありそこからギリシア全土に広がったと見られています。その生来の詐術については様々の話しがあり、そこで彼は冨と幸運との神として「商売・盗み・賭博・競技の保護者、様々な発明や道と通行人や旅人を保護する神」でありその像であるヘルマイが道路や戸口に立てられました。彼はまた夢と眠りの神にして霊魂を冥界に導く役目を持っていました。その装いは鍔の広い旅行帽のペタソスを被り、ケーリュケイオンなる小杖を携え、有翼のサンダルを履くというものでした。194頁

（13）エレゲイオンというのは今日にエレジーという言葉で言われる時には「悲歌、哀歌」という響きのものだと理解されるようになってしまいましたが、そもそもは六歩脚と五歩脚とによる対句形式だけを単に言うもので（アリストテレース『創作論』一四四七B12）、現にプラトーンの『国家』篇三六八Aは「アリストーンの子たち、誉れ高きもののふの神の如き族（やから）」という、哀歌などでは決してないエレゲイオンの詩句を引いていています。194頁

（14）ここもまた岩波版の註3（上掲書 p.165）に「古註には、パンディオン一族のステイリアイ区

（デモス）に通ずる道、と説明されている。ステイリアはアテナイの市街から東南東の方向、エーゲ海に面している」と註をされています。195頁
(15)クロノスはウーラノスとガイアーとの子ですが、ヘーシオドスはその叙事詩『仕事と日々』でクロノスの時代を黄金時代だとしています。195頁
(16)文面から推察されるようにその役目は名誉あることだとされていました。195頁
(17)「碁の遊びはギリシア人たちにあって大変に人気の中にあった。プラトーンはそれにしばしば言及をしている。例えば『カルミデース』篇174b『ゴルギアース』篇450d『国家』篇333b374cなど。〝引っ込めてやる〟（ἀνάθεσθαι）という言葉は諸々の駒を描く進めてしまった、また彼らに対して人が彼らの手を〝手直しする〟ことを認めた遊戯者たちのために、使われる。アンティポーン「さながら駒をというように人生を手直しすることはあり得ない」（ディールス『前ソークラテースの哲学者たちの断片』Ⅱ80、B、52）。人が引っ込める一つの意見について言われるのである（『プロータゴラース』篇354e『ゴルギアース』篇461d, 462a参照）196頁
(18)「すべてこの一節は、二三〇Bこの方、正確にソークラテース的諸対話篇のモデルの上に編み出されている。『ヒッピアース（大）』篇（299d以下）が展開のタイプとして特別に選ばれるに到ってあると見える。同様に『メノーン』篇72a以下、『ミーノース』篇313a以下を参照。取りかかり方は、同様に諸々の対話がソークラテースへ特有のものだと見なすところのそれである。哲学者は彼自ら諸々の回答の或る数を示唆する。それから彼は弟子に対して彼が諸々の例から引き出すべく与えていたそれらの上で彼らのものを習うことを求めるのである。参照をせよ、『第一ア

ルキビアデース』篇108bを。曰く〝いやしかし、この私を真似るように君は務め給え〃」（スイエ）200頁

(19)「三つの最初の定義は、事実、利得は善きものであり損失は悪しきものだとの結論に達するに到った。次いで弟子は〝善き〃利得と〝悪しき〃利得とを区別することについて試みをするに到った。最後にソークラテースがその対話相手をして利得の本質とは諸々の善い或いは悪しき資格を作るものなのだということを認めることを強いるに到った。——そして四度目の定義が、価値の観念を介入させながら、常に出発の地点に立ち戻るのである。曰く、利得は善きものであると」（スイエ）202頁

(20)これも岩波版の註（上掲書p.171註1）を直接引きます。〝シュタルバウム、フリッチェは、銀と金の価格比が、ヘロドトスの記述では一三対一であり、クセノポンやリュシアスでは一〇対一、アレクサンドロスの時代には、一一・五対一であった、ということから、この対話篇の成立年代を推定しようとしている〃。203頁

(21)普通には「ハイ」という肯定は原語ではναίという言葉なのですが、強調する語尾のχιがつけられたναίχιという形のものがここでプラトーンにおいて唯一用いられています。このことも或いは本篇の「真作・偽作」の問題に絡むのでしょうか。204頁

(平成二十四年五月八日午前七時三十一分、擱筆)

アイアスとオデュッセウスの武具争い

出典：小学館『世界美術大全集 第 4 巻』

第二アルキビアデース

――祈願について――

『第二アルキビアデース』篇をこう読む

一

先ずは例に従って本篇の内容目次を示すことから始めましょう。

第一章（138a1-138c8）「祈願すること」への用心の必要のこと
第二章（138c9-139c2）思慮・無思慮・気違い、後二者の同一
第三章（139c3-140d5）無思慮の多様な相貌
第四章（140d6-141c8）なすべく語るべきことを知る思慮とそれに気づかぬ無思慮
第五章（141c9-143a5）祈願とその禍いと
第六章（143a6-143e7）「無知」の悪たる限定――「最善なるもの」の無知としてこそ
第七章（143e8-144c11）無知の幸せ
第八章（144d1-145c8）最善の知識を欠く場合の弊害
第九章（145c9-146d6）知識の想定の不幸
第一〇章（146d7-147e4）悪しく知るということ
第一一章（147e5-148d2）様々の難問の中であらためてアルキビアデースに祈願のあり方を問う。
第一二章（148d3-149c7）「祈願」をめぐるもう一つのエピソード
第一三章（149c8-150d2）我々の魂のあり方を神々は眼差ししているからそれに耐え得るまで祈願

は控えるべきこと

第一四章（150d3-151c2）アルキビアデースの魂の霞を拭い取る教師、ソークラテースへの花冠の捧げ、その吉兆としての受け取り

二

この『第二アルキビアデース』篇の読み方ということを私どもが問題として取り組む時、一体私どもは何処からその問題に取り組むべきなのでしょうか。こう考える時、私は本篇に先立ってその読み方を考えてみた『第一アルキビアデース』篇という同じアルキビアデースその人が同じソークラテースその人に気遣われる登場人物として登場する対話篇と本篇とが何か類似の事情の下にあることをどうしても思わざるを得ません。それは非常に簡単な一つの事情です。何故なら、先立つ『第一アルキビアデース』篇においてもそれが『善・快楽・魂』という私の著作集のその第六巻のテーマにどのような仕方で絡むのかということが端的には明かではなく、それはむしろ対話される内容をよくよく考えてみたならばそこで取り出されて来るものであったということがありましたが、全くそれと似たあり方に本篇もあるのではないかと思われますから。何故なら、伝統的に本篇に与えられて来た副題は『祈願について』というものですが、そうして与えられているテーマは「善」や「魂」にであればそれが絡んでいることはほぼ自明なことであるとも言えましょうが、しかし「快楽」ということへの絡み方はとてもそのように端的には行かぬようです

から。すなわち、先立つ『第一アルキビアデース』篇とも同様にこの『第二アルキビアデース』篇もまた私どもがこれをよくよく読み込んで見る時にこそ、その展開する対話が実はまた「快楽」ということをもその仕方で主題としてあるものであることが気づかれて来るのではないかということです。そして思うに、その間の事情を考えてみますと、それは「快楽」というもののあり方を考えてみればそのおよそ第一ラウンドの展開場面というものはおよそ一つ一つの感覚的な場面にこそあり、食欲上の或いは性欲に絡んだそうした身体的快楽の一々の時点での満足を私どもは快楽として先ずは享受する。すなわち、快楽の一つの基礎的で表面的なあり方は身体的かつ点的なそれであるようだということに、先ず起因するようです。故に「快楽」はそこでも止まり得る。

しかしながら、私どもがもしその問題の「快楽」という言葉を喜怒哀楽といった点的ではなく少しでも線的な、すなわち時間的な、或いは心情的なところで語られる言葉とともに考えるべき場面へと出て行くことをするなら、私どもはそこに「心地よく生きる人生」というようなものを思うことにもなりはしないでしょうか。そして実に「祈願をする」というそのことの本質というものも、まさにその「心地よき生」こそのそれなのであるということでしょう。何故なら、憎むべき敵に対する呪詛ならいざ知らず、自らとその親しき者、家族や友や同胞を思った祈願というものは、すべからくそのためにこそ祈願する者たちのその「心地よき生」をこそでありましょうから。人はどうして愛する父母の苦痛の中の死を祈願したり致しましょう。彼のオイディプースは確かにその二人の実の息子の悲惨をこそ呪詛したのでしたがそれはまさに悲劇の主人公としてあってこそのことであったわけで、その悲劇も「親しき者たちの心地よき生をこそ祈願するのだ」というその祈願こそが真実で幸福な生の立つ岩盤なのだとの視点から見られてこそのそれだったでしょうか。要するに、ここで私は何を言いたいかというと、それはおよそ「快楽」というものには身体的・点的な面と精神的・線的な面とがあり、この『第二アルキビアデース』篇が『祈願について』ということを語りながら「快楽」の問題を考え続けることとはおよそ「心地よき生」なるものに登場人物のアルキビアデースがどのようなあり方をしてあるべきかということをその真実の師にして恋する者（エラステース）であったソークラテースが心を砕いて問答し合ったということではないかということです。端的に言えば『第二アルキビアデース』篇は「快楽」というものが二つの層をなしてこそあると見られる時にその第二の層である「心地よき生」の層をめぐってこそ対話をしようとしたのだと、こう私は見るのだということです。

三

さてしかし、以上のようなことを私が述べるのに眼を通された読者の方々は、何やらいきなり私が結論を述べたもののようにも或いは受け取られかも知れません。だがしかし、それは決してそうではありません。私はただ私が私の著作集の第六巻を『魂・快楽・善』というテーマの下で編むことを思っているその限りはこの『第二アルキビアデース』篇が「善」や「魂」はさもあれおよそ「快楽」というものをその中でどのように問うて行くのであるかということには、如何にしても意識をせずにはいられないのだということです。そしてその意識の下で或いはこうなのかなという読み方の方向を模索するために一つの予想を立てたのだということです。それ故、以上は飽くまでも一つの予測にも過ぎないことであって、その予測の成否は飽くまでも本篇での対話そのものを忠実にそしてまた正確に読んで行くその作業によって試されなければならないのだということです。それ故、今は早速にも『第二アルキビアデース』篇そのものの対話へと向うことに致しましょう。

今、ざっと対話の全体を概観して見ればこの『第二ルキビアデース』篇は所謂「起承転結」というその姿をいみじくも示していることが見られるようにも思われます。そこでまたこの予測に従って私どもの読み方を読むということにしたいと思います。だがしかし、これもまた予測ですからはたしてその予測が当たるかどうかは全体を読み通したその時にその当否が明かになることでしょう。そこでとにかくその予測の下で読んで行くと――

〈〈**起**〉の部、第一～第五章〉

冒頭の情景は、いつものプラトーンの筆致そのまま、一見ぼんやりとも見える情景でありつつもしかし真実にはすでに問題の核心に突き刺さってあろうことを、私ども読者に如何にも予感をさせるもののようです。それは他でもありません。我々のアルキビアデースが日頃の才気煥発と溢れんばかりの自信は何処へやら〝悲しげな面持ちで地面に顔を落し考えごとをしつつ〟神詣でしていという、何か或る異常を思わせるものになって私どもに与えられているというそのことです。日頃のその才気煥発と溢れんばかりの自信に満ちた彼においては何一つの屈託などあろうものではないというのに、この情景においては彼はまさしく屈託そのものに捉えられているようですから。何しろソークラテースが〝まるで考え事をしているようだ〟とその見て取るところを言うのに対してもその指摘を素直に聞き入れるどころか、その底意地からでしょうか、〝そしてまあどんなのを誰さんとやら、考え事としておりましょうかね〟などと如何にも屈折したというか突っ張ってというか、自分のあり方を素直に承知することを肯んじないでただはぐらかすことだけに急いでいるその様ですから。すなわち、ここには屈折するアルキビアデースこそが情景となってあるということです。とは言え、ソークラテースはそんな屈折を断じてものともしない。その屈折もその内心を見透かされまいとする純情からのものだというのではあれ、彼はまさしくその心底からの真摯と寛容とでアルキビアデースを抱擁し〝そりゃあ最大の、アルキビアデース、考え事さ、とにかくこの僕に思われるところではね〟などとあっさりと言って、有無を言わさずアルキビアデースをして自らのあり方を断固認めさせて仕舞います。何故なら、ソークラテースがこう言いながらもそれに続けて〝とはここが肝心、ゼウスの御前で耐えて貰いたいということだ。君は思わないか・・・〟とこう一つの問いをアルキビアデースに対し持ちかけることがあるからそうでもあるのでしょうが、アルキビアデースは彼の内心に渦巻いてあるその思案が最大のものであることの指摘に一言の抗弁も無くて終ることが見られるからです。すなわち、まさしく屈託してこそあったそのアルキビアデースもソークラテースの言葉のその一瞬のうちに自己自身のあり方を承知し覚悟したその彼になってあるのだということです。げにソークラテースの真摯と寛容とは屈託する純情を屈託せぬその純情へと一瞬のうちに変えて仕舞うその力でこそあったということでしょうか。

このような読み取りと理解とはドラマを演出しようというのならその演出のためには不可欠なものでもありましょうが、今はそれはそれとしてソークラテースが今しも出したその問いをこそ追わなくてはなりません。だがその問いとは——

〔**神々たちは、我々がたまたま私的にも公的にも祈っているところのことどもの、それらの或ることどもを、一方、時としては与えるが、他方、或ることどもは与えない、そして或る人々には、一方、与えることがあるのだか、他方、或る人々には与えないのだと君は思わないか**〕（一三八**B1～4**）

と問われたのでした。すなわち、ソークラテースは〝アルキビアデースよ、君は最大の考え事をしているわけだが、その考え事をしてこそあるという君のその危機もこの一つの真実にこそ直面してあるのだよ〟と、こう今は諭しているというわけです。「人の祈願と神々からする善きものの人への与え」ということは『神意に適うもの』（ト・ホシオン）について問うた最初期の対話篇の『エウテュプローン』篇においてもそれを神々と人々との交易の技術なのだなどとするその下り（14E以下）でもまたすでに言われていたことでしたが、ここでは何かもっと事柄自体そのものがただそのままに厳格に確認されているだけだという印象でしょうか。そしてそれも「善きもの」の与え手である神々の如何ともなし難い超越というそのことに光りを当てているようにも思われましょう。すなわち、アルキビアデースはその心に重く抱える思いにおいて一つの危機に瀕しているからこそ神々に詣でてその善き解決とそこからする「心地よき生」とを祈願しようとしているのだろうが、成程神々は建前としては「善きものこその与え手」ではあろうがそれでもその絶対的な本質はただ単に「運命の与え手である」というそのことによってこそ尽されているのだ。その端的な超越こそが本質なのだ。されば――

〔**されば君には思われないかね、とにかく多大の用心が必要なのだとだ。それは人が大きな悪を祈っている、だがそれらを善と思い込んでのことだいうのに自らには気づかれない、他方、神々がこんなあり方の中にいらっしゃり、つまりはその中で御自身は人がたまたま祈っていることどもはお与えなさる。こんなことがないようにとだ**〕（一三八B6～9）

とこのようにソークラテースがアルキビアデースに祈願することへの用心の必要を言うことも、如何にも宜なるかなと私どもにも思われることでしょうか。何故なら、とソークラテースは彼のオイディプース王の祈願（というよりもそのあるところはむしろ呪詛とこそ言うべきものでありましょうが）が息子二人の不幸でこそあったというのに神はその祈願を受け入れたことを一つの実例としてアルキビアデースに思い出させるのですから。

しかしながら、こうして見ると必要な用心とは何か。それは悪を善だと思い違いすることなく真実にも善きものであるものをこそ祈るのだという、そのことのための用心だということになるでしょうか。つまり、オイディプースの祈願或いは呪詛のように気違いのそれを祈るなどというようなことを避ける思慮こそが問題となるだろうということです。それ故、以下五章までの対話はむしろ簡明に「どんなことどもを行為し語らねばならぬかを知っているところの思慮ある人」の存在ということに注目し、その知識の欠けてある者はその無思慮において「語ったり行為してはならぬことをしつつもそれに気づくことがないのだ」ということを確認し、そしてそんな典型なのだとオイディプースを見て、そしてその上でアルキビアデースの祈願というのももしそれがその中に禍いを含んでこそあればそれはオイディプースさながらともなることを言うことへと、一直線に進んで行きます。それ故、そうした一連の対話にとってその当面の結論は「祈願と禍いと」とでも題すべきそれともなって、次いでは祈願はもしもそれが叶えられた場合にその結果が禍いを含むものならば祈願すべからずという教訓を語ることになる。そして歴史上の人物どものその点での失態や子を持つことの一旦の祈願にも拘らず子をもった不幸を悔いる世情が触れられ、それにも拘らず与えられるものの受け取りの回避や祈願の中断はむしろ稀少だという世人の用心の欠如が指摘され、それ故にまた彼のホメーロスの詩句こそがソークラテースの求めるその用心というものに的中するものであることが、当面の議論を総括するかのように引かれます。曰く、

ゼウス、王なる御方よ、善きことどもは、一方、祈っていても祈らずにあっても
我らに与え給え。だがしかし、悲惨なことどもは祈りますとも防ぎまさんことを。

（一四三Ａ１～４）とこう。

四

〔〈承〉の部、第六～第一〇章〕

さあそこで「善きもの」の与えをこそ私どもを超越する神に祈り悲惨なことどもの与えということはどうかその超越のそのまま、我々の祈りなどは頓着なさらず超越者からは与えられませんことをと対話するソークラテースとアルキビアデースとであってみれば、よしんばそのためする用心が思慮として「どんなことどもを行為しまた語らねばならぬかを知ってこそあるその思慮」であるのだとはしても、その「知ること」とはすべからく「善きものこそのそれ」だとして予め拘束されてこそある知識であることが、言われなくてはならないことでしょう。とすれば、そう、今は我々人間存在の知識が「善きものこそのそれである」のだとして「善きもの」によってこそ拘束されてあるのだというそのところでその真相を思うことへと対話というものも向うのでなくてはならないのだということになります。すなわち、であれば「無知こそは悪である」のだとはしてもそれはその無知が「最善なるもののそれ」であればということからであり、それ故にまた却って所謂〝知らぬが佛〟ということでしょうか、対話はむしろ「無知であることの仕合わせ」というような何かパラドックスかとも思われる反面を確かめることへと向うことにもなって行きます。何故なら、彼のオイディプースその人も母親をそれと知ることがなかったなら先ずはその母親を殺すこともなく、またIだからと言ってその殺意を満たすためにということで母親の代わりに誰か他の者を殺すというようなこともなかったことでしょうから。すなわち、「知るそのことが最善なるものこその」ということであることの反面には「悪をなすことを実際化するようなその知識には無知たるべし」ということがあるということをもまた知らねばならぬということです。

とは言え、右は「知ることとは最善なるものこそを知るべしということである」ということを認めた場合にもその反面があるだろうということの指摘でしたが、であればそれは一つの但書きを語ったものであり、本筋はあくまでも表の主張である「知るとは最善なるものをこそ知ることである」というそこにあるわけです。従って、その表の筋を私どもが追わなくてはならぬ限りはその「最善なるものの知識」が欠如してある場合の弊害をこそ語るそうした議論であらねばなりません。そして私どもはその議論がこうなるのを見ます。すなわち、先ず一つ、私どもの言動にとっては言動するその事柄の或いは知識の想定か或いは想定ではなく真実にある知識かが必要である。他方、私どもは思慮のある者と無思慮な者とを云々するが、後者は具体的な行為においてその最善を心得ぬ者である。私どもはこれらの二つのことを先ず承認しましょうが、この他でもない「思慮」というものを欠いて知識や技術或いはその想定のみが横溢する状況を思ってみれば事はどうなるのだと言われるべきなのか。これは一言をもってすれば「悪しく知る」ということではないのか。ソークラテースは神の如き詩人ホメーロスがその叙事詩『マギステース』の中で奇矯の人マギステースを「多くのことどもを、一方、知識してはいたが、他方、悪しくこそ知識していたのだ、すべてを」と詩作していたことを引き、その言い方は如何にも詩人らしく一方では謎めいた言い方ではあるものの、しかし、他方、それは事の本質からしてして見れば如何にも真実の言い方なのだと、こうアルキビアデースに対して説き聞かせるのでした。

五

〔〔転〕の部、第一一～第一三章〕

以上で〈起承転結〉というその内の〈起〉の部分と〔承〕の部分については議論を考えたことに致しますが、最も要約的に言って〈起〉の部分が「祈願することが私どもの用心をこそ必要としていること」を論じ、〈承〉の部分はそれに対して「私ども祈願する者においては最善なるものをこそ知るその思慮こそが問題なのだ」ということを語ったのだと言うことが出来ましょうか。これらの〈起承〉は如何にもそれぞれに尤もだと私どもにも穏やかに納得されることでしょう。ではそのように如何にも納得行くものとして〈転〉の部分も議論をされることか、私どもは期待しながらテクストの対話へと向ってみることに致しましょう。

〔**いやしかし、ここが我慢のしどころだが、ゼウスの御前で――何故なら、君は断然行詰まりをどれ程のものか、そしてまたどのようなものかこれを承知しているからであり、他方、それを君もまた、僕には思われるからだよ、もう共同してくれているのだとね**〕（**一四七E5～6**）

議論は所謂〝初心、忘るべからず〟という諺が真正面から当たるかどうかはともかくとして、とにかく本篇冒頭でのアルキビアデースの神詣での情景においてアルキビアデースの胸中にこそあったその思いの意味を問うことへと再び向います。そしてこれまでの対話の要点を、右に引用して題したような言葉でもってアルキビアデースに再確認させるのです。それ故またしばらくはこれまでにすでに行った問答を反復することになり、先ずはアルキビアデースがその胸中に抱く思いの持つ危機をその祈願によりどんな好機にしたいというのかとソークラテースがあらためて問うことになり、さればアルキビアデースが対話が確認して来た確認のそのままに祈願することの危険とそれ故の用心の必要とをまた言うことになる。そしてまた行って来た対話のそのままに詩人の「とは言え、悲惨なことどもは、祈りますとも防ぎまさんことを」という言葉を再び噛み締める。そしてさればまたラケダイモーン人たちの真実に慎みあり先の詩人に習ったかのような「美しいことどもを善きことどもの上に神々が改めて彼ら自身に与えまさんことを」という祈りの言葉の単純を言い、また彼らがそれ以上には祈願することはなかったことをも付け加えることになります。

要するに、対話は当面するところ、これまでに対話をし確認したことの真実をその奥へ奥へと深めて行くことで味わい直すということで行われ、何か新たな局面へと前進させようとするものではないかのようだということです。しかしながら、対話は、無論、いつまでもそうすることで終始するわけではなく、第一二章に到りソークラテースが「祈願」をめぐってされるもう一つのエピソードに言及するに及んでは、対話もその思索を前進させ深めて行くようです。何故なら、対話がラケダイモーン人たちの祈りの言葉の単純を嘉賞しまたその慎みの中でも幸運であることを言いつつも、よしんばそこで不幸ではあれそれは事が神々の上にこそあるからだとする時には、再び神々の人間に対する超越の峻厳をこそその思索の最中へ据えたのだということであり、その峻厳を中心においた形でこそ以後の対話は進められて行くもののようですから。すなわち、そこでソークラテースが言及をすることにもなるもう一つのエピソードとは、飽くまでもアンモーン神の「我が欲するところはスパルタ人の慎みのある言葉なり」という人間が自らの安寧のためにとなす豪奢な献納物とともにする祈願などは何の物ともすることのない、人間に対するその祈願への神の突き放しと超越へとただその思索を前進させて行くものだということです。アテーナイ人たちはスパルタとの争いに連戦連敗しどうしたものかと悩んだ挙句、エジプトのアンモーン神にお伺いを立て自分たちの祈願への心尽くしは如何ばかりか、それに対しスパルタ人の心尽くしは如何にも貧しいではありませんかとアテーナイ人が言い立てたのに対する、それがアンモーン神の応じた対応なのでした。

これを要するに対話は「神々は我々人間存在の魂のあり方をこそ眼差ししてあるのであれば、アルキビアデースもまたよろしくその眼差しに耐え得るようになるまでは祈願することは控えるべし」と、こういう一つの結論へと向おうとすることになるのだということです。それにはまた右のアテーナイ人とスパルタ人との戦いにおいて神がスパルタ人へとその好意を寄せたことにも似て、かつてトロイア勢とアカイア勢とが闘った折りにも「神はトロイア勢を憎み給うが故に、その犠牲を嘉し給うことがなかった」という歴史もまた言及をされることにはなるわけですが。何故なら、神々とは贈物でもって収賄される高利貸しなどではない。否、彼らにとってはそれが知性のある人々にとってと同じく「正義と思慮とが取り分けて尊重をされる」からです。それ故、アルキビアデースもまたその祈願に良心の呵責を覚えないというのでもないのだというのであればそれは如何にも危うい祈願でこそあるからには、よしんばその気位からして——それはむしろ〝無思慮〟ということのエウフェミズム（婉曲な言い方）にも過ぎないのだが——スパルタ人の慎みある祈りは祈らずにいてではあれ、

〔**必然的なことなのだ、じっと待っていることが、人がどのように神々に向ってまた人間たちに向って如何にその身を置くかを学ぶまでは**〕（**一五〇D１～２**）

とこそ語られなくてはならないのです。

六

〈〈結〉の部、第一四章〉

神々のアルキビアデースの魂のあり方への眼差しが厳粛にある限り、アルキビアデースはその思慮に危うさを覚えるならじっと耐えて思慮ある者にこそなるまでは祈願はせずに耐えなくてはならないのだということで、〈転〉の部は〈起承〉の部での「祈願」をすることに関する一般論をアルキビアデースの祈りということへ具体的に展開して行ったのだとこう言えることでしょうか。

でもあれば、今や殆ど結論はすぐそこに見出だされて来ることでしょう。それは要するに何らの戸惑いを私どもに覚えさせようことなどなくただひたすらに「アルキビアデースの魂にかかる靄を拭いさるべき教師をこそ求める」そのこととして、一重にここで語られることでしょう。今やソークラテースとアルキビアデースとは「魂の産婆術」を事とすることを標榜し若者の魂をこそ愛することに飢えている大人と、美しくまたその才能では溢れるばかりであるアルキビアデースとの、その相思相愛の話しになるより他はありません。

アルキビアデースは祈願の日は別とし師への感謝に花冠を捧げソークラテースは花冠を受ける栄誉を吉兆としながら、二人はその対話を閉じるのです。

七

以上、私の思うところ、『第二アルキビアデース』篇を私としてはともかくも読むことが出来たかとも思いますが、とは言えこの書き物の冒頭で申していたことがありますのでそのことに触れながら総じて語るべき結論というべきものを語って終ることに致しましょう。

この書き物のおよそ冒頭（220頁）の辺りで私は「この『第二アルキビアデース』篇とはおよそ〝心地よき生〟というものに関してアルキビアデースが如何なるあり方をしてあるべきかということをその真実の師にして彼を恋する者（エラステース）であったソークラテースが心を砕いて問答し合ったものではないか」という予想をしながらその取り組みへと入って行ったのでした。従って、私はその予想に関してこの今に思うところを皆さんに申上げる必要があるかと考えます。時に、しかしその予想を立てなくてはならなかったというのもそれはこの『善・快楽・魂』などと題して編むこの第六巻に本篇を編もうとする時に本篇はおよそ「快楽」ということを如何なる仕方で論ずるものなのかということが、それ程には自明的だとは思われないということがあったからでした。そこでこうして本篇でなされた対話の祖述をともかくも遣ってみた今、私はおよそ「祈願する」というそのことがすべからく「善・快楽・魂」という三つのものを一つのところへ結びつけるものであることを思わざるを得ないでいます。何故なら、冒頭で申しましたように、「祈願をする」とは先ずそれによって「心地よき生」というその快楽に恵まれようとすることでありましょうが、その「祈願」の成就も「魂が悪と善とを取り違えて祈願することをしないだけの魂の思慮こそ」だとしてソークラテースはアルキビアデースに神の眼差しは彼の魂のあり方を眼差ししているのだと言ってはその眼差しを耐え切ることを彼の目下の第一課題ではないのかとしたからです。すなわち、本篇はその青春に大望を抱き、さればこそまたその胸中には沸々たるものを抱かざるを得ず、そこでまた神詣でにさえ到るその「祈願する若者」へのソークラテースの産婆術なのだとして、正当にも読むことが出来るのではないかということです。

その点からまた、最後に本篇に関する所謂真偽問題について述べておきます。端的に申して、私は結論的には真作説を採りたいと思います。そもそもアルキビアデース問題に関してその師のソークラテースの真実を明らかにすることはすべからくプラトーンその人の願いでこそあったであろうし、そのことがアルキビアデースの若き日の大望が彼に強いた祈願をどうその師が導いたかということでなされたことは、彼にとってのまさにその真実からのことだったと思うからです。ただ一箇所だけすでに行った議論をまた思い出させてアルキビアデースに再確認させるその下りで議論の仕方にややプラトーンらしくない拙さが見られるようにも思いもしましたが、その点は真作である彼の『メノーン』篇のほぼ最終的な問答においても同じように見られることですし、翻って我が身に照らして考えて見れば議論の再確認をうっとうしいことだとする読み手の我儘ということもありますから、多分は何の瑕疵ともならないのだということが本当のところなのだと言うべきなのでしょう。のみならず、それは「祈願をする」という事柄自体が或いはそうさせることかも知れませんが、本篇の議論が見事に〈起承転結〉の形で構成されること、またその議論を練り上げるのに際してのホメーロスその他の詩人の言葉、或いは年長の者からして聞いたその言葉を如何にも巧みに引いて来ること、この手際はプラトーンその人のまさに才能そのままではないかということもありましょうか。

（平成二十四年五月五日、午前五時五十分、擱筆）

第二アルキビアデース

登場人物
ソークラテース
アルキビアデース

一

138 **ソークラテース**　アルキビアデース、はたしてこれはとにかく神の御前にお祈りをしようと君が進み出ているってことかな。

アルキビアデース　全くそうなのですよ、ソークラテース。

ソークラテース　とにかく、ねえ君、君は見えるのだよ、悲しげな面持ちになってしまいまた地面の方へと眼を落としているとね、まるで何か考え事でもしているような具合さ。

アルキビアデース　そしてまあどんなのを誰かさんとやら、考え事としておりましょうか、ソークラテース。

ソークラテース　そりゃあ最大の、アルキビアデース、考え事をさ、ともかくもこの僕に
B 思われるところではね。ところで、さあ、ここが肝心だと、ゼウスの御前で堪えて貰いたい、君は思わないか、神々たちは我々がたまたま私的にも公的にも祈っているところのことどものそれらの或ることどもを、一方、時としては与えるが、他方、或ることどもは与えない、そして或る人々には、一方、与えることがあるのだが、或る人々には与えないことがあるのだとこう。

アルキビアデース　全くその通りですね。

ソークラテース　されば、君には思われないかね、とにかく多大の用心が必要なのだとだ。それは人が大きな悪を祈っている、しかしそれらを善だと思い込んでだというのに自らには

気づかれない。[1] 他方、神々がこんなあり方の中にいらっしゃり、つまり、その中で御自身は人がたまたま祈っていることどもはお与えなさる。こんなことがないようにとだ。ちょうど、C 例えばオイディプースを人々が言っているようにね、彼は祈った、武器に訴えて父祖の財産を息子らが分かち合うことを。[2] 彼にはその身に降りかかる諸々の悪事の何らかの向け変えをこそ祈ることが出来たのに、別口の禍いをすでにあったそれらに加えて呼び招いたのだった。さてもそこからそれらのことどもが果たされたし、かつまたそれらからしてその他の沢山の恐ろしいことどもがそうだったわけだけれど、それらを何故に一々語る必要があろうかな。

アルキビアデース　いやしかし、あなたは、一方、ソークラテース、気の狂ってしまった人物を仰有ったのですよ。とは、だがまあ誰があなたには思われますか、健全でありながらそうしたことどもを敢えて祈願することだろうと。

二

ソークラテース　気が狂っているというのは、はたしてとにかく思慮のあることに対して真反対だと身には思われるかな。

アルキビアデース　全くその通りですね。

D **ソークラテース**　他方、思慮を欠いたのと思慮があるのとということで思われるのだね、或る人々はあるのだ君にとってはと。

139

アルキビアデース　確かに或る人々はそうなのです。
ソークラテース　さあここなのだよ、肝心なのは。我々は考えて見ることにしよう、一体、どんな人たちでこの人たちはあるのかを。何故なら、先ず或る人々が思慮を欠いてありかつまた或る人々が思慮があるのだということ、また気が狂って異なった人々があるのだということが、同意されるに至っているのだから。
アルキビアデース　確かに同意に至りましたからね。
ソークラテース　だがしかし、なお健康な者として或る人々はあるのだね。
アルキビアデース　ええ、そうありますね。
ソークラテース　さればまた病弱でも異なった人々はあるのではないか。
アルキビアデース　全くです。
ソークラテース　されば同じ人々がそうだというわけではないのではないか。
アルキビアデース　ええ、確かに。
ソークラテース　されば、はたして異なった或る人々がいるだろうか、それらのどちらもその身のあり方としては受けてはいない人々だが。
アルキビアデース　きっといないでしょう。
ソークラテース　何故なら、必然だからだ、人間であっては病気をしているか或いは病気をしてはいないかが。

アルキビアデース　とまれこの私にはそう思われます。

ソークラテース　しかしどうだね。思慮と無思慮とについてはたして同じものとして君は持っているのかな、見解を。

アルキビアデース　どのようにお語りなのですか。

ソークラテース　君には思われるのかどうかとだよ(3)、人は、或いは思慮のある者であるか或いは無思慮な者であるかであるべくもだ。それとも何かあるのだというのだろうか、中間
B
に第三の情態が。またそれは人間を思慮ある者だとも無思慮な者だともしないのであろうか。

アルキビアデース　いいえ、思われは致しません。

ソークラテース　して見ると、必然なのだよ、それらの一方を人はその身の情態だとしてあることが。

アルキビアデース　とにかくこの私にはそう想われます。

ソークラテース　されば、君は覚えているのではないか、君が同意して真反対だと狂気は思慮に対してなしたのを。

アルキビアデース　とまれ、この私なら。

ソークラテース　さればまた何一つも真ん中にありながら第三の情態ではないのだということも同意したのではないか。またその情態は人間を思慮のある者だとも無思慮な者だともしないものなのだけれども。

アルキビアデース　確かに私は同意致しました。
ソークラテース　そして実際、ともかくも二つの真反対なものどもが一つの事柄に対してどのようにしてあることが出来ようか(4)。
アルキビアデース　決してそんなことは出来ません。
ソークラテース　して見ると、無思慮と狂気とは恐らくは同じものなのだ。
アルキビアデース　そう見えています。

C

三

ソークラテース　されば我々はすべての無思慮な人々を、アルキビアデース、気が狂っているのだと言いつつも全うに言っていることだろう。例えば、君の同年輩の人々の中でもし無思量な人々がたまたまいるならば、ちょうどいるようにであるが、そしてなおより年長の人々の中でそうした人々がいるとするならばだがね。とは、さあここが肝要だということだ、ゼウスの御前で。君は思わぬだろうか、ポリスの中にいる人々の中で僅かな人々としてこそ、一方、思慮のある人々は存在し、他方、無思慮な人々としては沢山の人々が存在しているのだとは。実に彼らをこそ君は気の違った人々だと呼ぶわけであるが。
アルキビアデース　とまれこの私であればそう思いますとも。
ソークラテース　されば、君は思うのかな、喜びながら我々は存在しているのだとだよ、

D それ程の気の狂った連中と一緒にポリスの民として生きていつつさ。そして叩かれたりものをぶっつけられたりそしてまさにそれらを気の狂った者たちがやらかすのが習いであることどもに関して、とっくにさあ報いを受けてしまってはいないのだとこう。いや、見給えよ、至福な君、そのようにそれらのことどもは事のあり方があるのではないのではないのかと。

アルキビアデース　さればどのように、一体、事はあることでしょうか、ソークラテース。何故なら、恐らくは事は私の思ったようにそのようにはそのあり方はないようですから。

ソークラテース　更にはこの僕にとっても否だと思われるさ。いやしかし、何かこの道筋で観察しなくてはならぬのだよ。

アルキビアデース　一体、どの道筋でもってだとお語りでしょうか。

ソークラテース　さあこの私こそが君にとにかく語るとしよう。我々はとにかく想定しているね、或る人々が病気してあることを。それともそうではないか。

アルキビアデース　全くその通りですとも。

E **ソークラテース**　さればはたして君には思われるだろうか、必然的なことなのだ、病気をしている人は痛風をか或いは熱病をか或いは眼病をかを病んでいることがと。それとも君には思われないだろうか、それらの何一つにも罹ってはいず別の病いを病むのだと。何故なら、病気はきっととにかく沢山あるのであり、それらだけではないのだから。

アルキビアデース　とにかくこの私にはそれらはそう思われます。

ソークラテース　されば眼病は君には思われるね、すべてが病気なのだと。

アルキビアデース　ええ。

ソークラテース　さればはたしてすべての病気がまた眼病であるのだともかね。

アルキビアデース　いいえ、決して、とまれこの私にはそうは思われません。とは言え、私はとにかく行き悩んでいます、どのように私は論じているのかとは。

140 **ソークラテース**　いやしかし、もしとにかくこの僕に君が注意を向けてくれるならば、また〝二人がともによく見て行けば[5]〟ひょっとして僕らは見出すことだろうよ。

アルキビアデース　いや私は注意を向けますとも、ソークラテース、この私の力の限りは。

ソークラテース　されば我々にとっては同意済みなのではないか、一方、眼病はすべてが病気であるけれども、しかし病気がすべて眼病であるのではないのだと。

アルキビアデース　同意済みです。

ソークラテース　そしてともかくも全うにだと僕には思われるのだよ、同意されたことだとね。何故なら、熱病を病んでいる人々はすべて病気をしているものの、とは言え、病気を
B しているの人々の全員が熱病を病んでいるわけではなく、痛風を病んでいるのでもなくそしてとにかく眼病を病んでいるわけでもないのだから、思うにね。いやしかし、病気だとしては、一方、すべてそのようなものがあるわけだが、相違があるのだと実に彼らを我々が医者だと呼んでいる人々は主張しているのだ、それらの症状は。何故なら、万人にとり相似たような

ものに病気が進行するのでもなく似た仕方で進行をするのでもなく、否、自らの力に即して病気は各々進行するからだ。とは言え、病気としてすべてはあるのである。それはちょうど職人たちを或る人々として我々が基本的に了解しているようにである。そうではないか。

アルキビアデース　全くその通りです。

ソークラテース　されば、靴屋たちも大工たちも彫像家たちもまた異なった多大の人々を我々はそう了解しているのであり、そしてその多大の人々を何故に一つ一つ語る必要がある
C だろうか。とは言え、されば彼らは職人仕事の諸々の部分を分かち取っていてそのあり方があり、すべてこれらの人々は職人であるが、しかしとにかく大工が職人なのでも靴屋がそうなのでも彫像家がそうなのでもないのであって、それら一切の人々こそが職人なのだ。

アルキビアデース　ええ、きっと。

ソークラテース　それならだ、そのようにしてこそ、一方、また無思慮をも人々はすでに分かち取っているのであり、そして、一方、或る人々が無思慮の最大の部分を持っているのを我々は狂っているのだと呼ぶが、他方、或る人々の僅かな少しをそうしているのを馬鹿だとかかつまた痴れ者だとかと呼ぶのである。だがしかし、諸々の出来るだけのよき言葉遣いをした名前において名づけることを望む人々は、或る人々は〝気位のある〟と呼び、或る人々
D は〝人のよい〟と呼び、別の人々は〝無邪気だ〟〝擦れていない〟〝気にしない人だ〟とか呼ぶだよ。他方、君は見出すことだろう、異なった沢山の名前を探し続けて見れば。然るに、

すべてこれらは無思慮でこそあるのであるが、けれども相違するのである、ちょうど技術が技術からそして病気が病気からはっきりと相違して見られたように。それともどのように君には思われるかね。

アルキビアデース　先ずこの私にはそのように思われます。

四

ソークラテース　されば彼のことからもう一度我々は昇って行くこととしよう。何故なら、あったのだったからだよ、議論の始めにおいてもまた[6]、考察しなくてはならないことがね。無思慮な人たちとかつまた思慮ある人たちとを一体どんな人たちであるのかとね。何故なら、同意されていたからだ、誰たちかがそうなのだと。そうではなかったかな。

アルキビアデース　ええ、同意されておりました。

E **ソークラテース**　さればはたして君はこれらの人々をこそ思慮のある人々だと了解するのだね、どんなことどもを行為しまた語らねばならぬかを知っている人々である[7]。

アルキビアデース　とにかくこの私ならそう了解しています。

ソークラテース　けれども、無思慮な人々はどちらがそうなのかね。はたして、とにかくそれらのどちらをも知ってはいない者たちであるのか。

アルキビアデース　ええ、そうです。

B　141

ソークラテース　さればとにかくそれらのどちらをも知らない者たちであっては自分自身の注意を逃れることになるのだろうね、それらをそうしてはならぬことどもを語っていたのであり行為したりしているというのにだ。

アルキビアデース　そう見えています。

ソークラテース　それらの人々にこそ属すると僕は語っていたのだ、アルキビアデース、オイディプースもまたね、人間たちの中にあって。だが、君はなお見出すことだろう、この今の人々の中の多くの人々を怒りに駆られてではないが、彼の人の如くに、悪しきことどもを自分のために祈っているのだとは思わないで、否、善きことどもをこそ祈っているのだと思っているのをだ。彼の人は、一方、ちょうどよいことどもを祈りもしなかったそのように、更にはまたそう思いもしなかった。他方、別の或る人々はそれらの反対のことどもをその身に受けてしまっている人々なのだ。何故なら、この私は、一方、思うのだからね、君を第一の者として。もし君に対し、その御方へと向い君がたまたま向って行っている神が顕現されたその上で尋ねたとしたなら、それは君が何事かを祈願するよりも前にだが、君にとってはアテーナイ人たちのポリスの専制君主になることが満足であるのかどうかとね。もし、だがそのことを詰まらぬことと君が考えまた大きな何かではないと考えるならば、全ギリシアーのということも付け加えるとすれば、だが君を神がなおより小さなものを持っているのだ、もしまた全ヨーロッパのそれでなくてはと思っているところで眼にするとすれば、そのことをも肯《うべな》い、またそのことを肯うのみならず更には、もしも君が望むならば、今日この日にもすべての人々がクレイニアースの息子アルキビアデースが専制君主なのだと感知するだろうというようにするとすれば。思うに、自ら君は神の御前から立ち去ることだろう、有頂天になった上で最大の善きことどもを手にするに至ったと考えて。

アルキビアデース　この私は先ず思います、ソークラテース、他の誰であってもそうだと、もし苟もそのようなことが彼に伴って来るのなら。

C **ソークラテース**　だがしかし、とは申せ、とにかく君の魂の代りにであれば全ギリシアーにかつまた夷子《えびす》の人々の土地にかつまた専制君主の主権さえも君は望むことはないだろうよ、君にとって生ずるようにとなど。

アルキビアデース　思うにとにかくこの私は望まぬことでしょう。何故なら、どのように望むことがあるでしょうか、とにかく何一つそれらをまさに用いようことはないのだというのにです。

ソークラテース　だがどうだね、もし君がまさに悪しくかつまた有害な仕方で用いようとしているとすると。そのようにしてもまた否だろうね、

アルキビアデース　望みは致しません、きっと。

五

D **ソークラテース**　されば、君は見るのだね、蹉跌無きことでもないのだ、与えられること
どもを無造作に受け取ることも自らがそうなることを祈ることも、もしとまれ人がそれらの
ものどもの故にまさに害を受けようとしているとか或いは全くのところ命を奪い取られよう
としているのであればとこう。他方、我々は多くの人々を言うことがまあ出来ることだろう、
専制君主の主権をすでに欲してはまたそれが彼らの身に備わるようにと、何か善いことでも
行為したのだというつもりで、熱心になった上で、専制君主の地位の故に陰謀を企まれては
命を取り去られた限りの人々をだ。他方、僕は思うが、君は聞き漏らした者じゃなかろうと
ね、とにかく或ることどもは〝昨日か一昨日に〟[8]生ずるに至ったことではないのをである。
マケドニアー人たちの専制君主のアルケラーオス[9]を小姓が、そいつは前者が小姓をそうした
のよりも何の劣ることもなく専制君主の主権を恋していたものだったので、恋してくれた男
E を殺したのだった。専制君主にして幸福な男たらんとのそのつもりでだ。だがしかし、彼は
三日に或いは四日に渡って専制君主の主権を握った上で、もう一度自分自身が陰謀を企まれ
ては別の或る者どもの下で最後を遂げたのだった。さあそこで我々の市民たちの中でもまた
142 ——何故なら、それらを我々は他人たちから聞くに至ったのではなく、否、我々自身が傍に
居合わせて見るに至っているのだから——将軍の職をすでに欲してはそれを手に入れたその
上で或る人々は、一方、なおこの今にもこのポリスからの逃亡者であり、他方、或る人々は
その命を果てたのであった。他方、彼らの中で最も優れて行為したと思われる人々は多大の

危険と恐怖とをただその将軍職の中でくぐり抜けただけではないのであり、否、彼ら自身の土地へと下って行くと諸々の中傷者どもによって敵どものそれに何の劣ることもなく包囲をされながら終始したのであり、そこでまた彼らの或る者たちは願うことになるのだ、将軍職などにはならなくてあったことを将軍職に就いてしまったことよりずっと以上に[10]。

B されば もし、一方、諸々の危険やかつまた労苦が利益へと至りながらにあったのであれば、何がしかの何らかの理屈も事は持っていることだろう。だがしかし、実際はまた大いにその反対なのだ。だが、君は見出すことだろう、子供たちについてもまた同じ仕方を。すなわち、人々は或る子供たちが生まれることをすでに祈願した上で、生まれると諸々の災いにそしてまた苦悩の最たるものどもの中へ引き据えられてあるわけだ。何故なら、一方、或る人々は、劣悪な者で終始その子供らがあるものだから全生涯を苦しみのうちに過ごしたのだったから。

C 他方、或る人々は、先ず子供たちは有用な者として生まれたが、だが諸々の災いに交わってはそこでまた奪われてしまうことになる。そしてこの人々も先の人々に何一つ劣らぬ不運の中へと引き据えられてしまって、子供たちが生まれるよりも生まれずにあったことを、まあ一層望むのを見ることだろう。だがしかし、それにも拘らず、これらのことどもにかつまた異なった沢山のそれらに似たことどもがそのようにすっかり明白であるというのに、見出すことは滅多にはないのだ、誰であれ或いは与えられるものどもから身を遠ざけ或いは祈願を通じてそれが的中しようとすれば祈願するのを止める者を。他方、多くの人々は、専制君主

D の権力が与えられようとするのにも身を遠ざけようとはせず将軍職の場合もそう、その他の多くのことどもの、それが傍にあると裨益するよりも一層害を与えるものどもの場合もそうなのであり、否、また祈りさえするのだ、生ずるようにと。もしも或る者にとってたまたまその傍にないのだとすると。だが、僅かばかり経つと彼らは引き止めては時として取り消しの歌を歌って、[11]最初に彼らが祈願したまあ何であれその事柄を取り消すのである。されば、この僕は先ず困り果てているのだよ、本当に無意味に神々を人間どもが〝責めはしないか〟と。彼らからして〝諸々の悪事が自分たちのところにはある〟のだ、こう言いながらにだ。だがしかし、〝彼らは自らがまた彼ら自身の或いは烏滸《おこ》がましさでもって〟とであれ或いは

E 無思慮によってと言うべきであれ[12]〝運命以上に苦悩を持っている〟のだ。ともかく、されば恐らくは、アルキビアデース、何か思慮深くて彼の詩人はあるのだろう。すなわち、彼は、僕に思われるところ、友達の何か知性を欠いた者たちと交わりを持っておったが、その上で彼らがまさにそれこそよりよくはないことどもを、だが彼らにはよいと思われたことどもを、行為したり祈願したりするのを眼にし、彼らすべての為に祈願をものしたのであった。だが、彼は語るのである、何とかこのように——

143 ゼウス、王なる御方よ、善きことどもは、一方、祈っていても祈らずにあっても
我らに与え給え。だがしかし、悲惨なことどもは祈りますとも防ぎまさんことを[13]

こう彼は懇願するのだ。されば先ずこの私には見事にまた恙なく語っているように思われる

のだよ、詩人はね。だがしかし、君が何かをそれらに向って心の内に持つなら、黙っていてはいけないよ。

六

アルキビアデース　困難ですよ、ソークラテース、反論することは、見事に語られていることどもに向ってだと。ですが、こういうことだと私は、されば心に思い浮かべるわけです、つまり、どれ程の数の悪しきことどもに無知は人間たちにとって原因となっているか[14]ということですね。すなわち、それは我々が、どうやら我々自身に対して知られることなく無知の故に行為もしとにかく極めつけには自らに最悪のことどもを祈ったりもするその時ですよ。B されればまさにこのことは誰一人も思うことはないのでして、否、とまれこのことなら万人が思うわけです、十分なのだと。すなわち、自らが自らの為に最善のことどもを祈願し最悪のことどもを祈願などはしないということです。何故なら、このことは先ず真実にも何か呪詛といったものに似ているのであり、とても祈りに似ているとなど言えないのですからね。

ソークラテース　いやしかし、多分、こよなく善き人よ、言うことだろうね、或る人が、C その人はこの僕にかつまた君よりもたまたまより一層智慧のある人であるのだが、全うには我々は語ってはいないのだ、そのように造作も無く無知を非難していては、もしとにかく我々がその無知を付け加えないのだとすれば、とこう。すなわち、それらのでありかつまたその

D

何がしかのあり方をしている人々にとってのであっては、ちょうどそれが彼の人々にとってならば悪しきものであるように、よいもので実にあり得るその無知をであるが。

アルキビアデース　どのようにお語りなのですか。何故なら、何であれ事柄があり得るのですか。さあそこで誰であれ何らかのあり方をする者にとって認識があるよりは認識を欠くことの方がよりよいことが[15]。

ソークラテース　とまれこの僕にはそう思われるのだ。しかし、君には思われないのだね。

アルキビアデース　ええ、確かに、ゼウスに誓って。

ソークラテース　とは言え、実際、あんなことについては僕は認めないだろう、すなわち、君が自分自身の母親に向ってまさにそれらを人々がオレステースにアルクメオーンが[16]、またもし実に誰か他の人々が彼らと同じことをたまたましでかしてしまったのならばその彼らがしでかしてしまったのだと言っていることどもを、遣ろうとの気になることとはね。

アルキビアデース　言葉をお慎み下さい、ゼウスの御前では。ソークラテース。

ソークラテース　いや、語っている者にだ、アルキビアデース、君は君にとってそれらのことどもが行為されてしまうことは欲することはあるまいとこう語っている者にこそ言葉を慎むように君は言いつけてはならぬのだ。否、むしろもっと多くもし人が反対のことどもを語るとすればなのだ。何故なら、そんなにも君には思われるのだからね、酷く恐ろしいことなのだ、その事柄はと。そこでまた口にすべきでもないのだというわけだ、かくも無造作にはね。だがしかし、君は思うかな、オレステースは、もし彼が思慮深くありそして何が最善なのか彼にとってなすべくもとこう知っていたとするならば、敢えてそれらの何かを遣ってのけることまでしたことだと。

アルキビアデース　いいえ、決して。

E **ソークラテース**　とにかく他の誰一人もまたそうなのだよ。

アルキビアデース　ええ、確かに。

ソークラテース　して見ると、悪として、どうやら最善なことの無知、すなわち、最善なことの知を欠いてあることがあるわけだ。

アルキビアデース　とにかくこの私にはそう思われます。

ソークラテース　されば、そのことは彼の人にもその他の人々にとってもではないか。

アルキビアデース　肯定します。

七

ソークラテース　それならだよ、なおこのこともまた我々は考察を加えることとしよう。もし、突然、君にとって起こるとするならば、つまり、君がそれをよいことなのだと考え、

144 ペリクレース、君自身の後見人[17]にしてまた親しい人をだが、短刀を手にして戸口へと向って行って彼が中にいるかどうかということだが、その際、君はその人をこそ殺すことを望んで

B

いて他の誰一人をも望んではいないのだとする。だがしかし、中にいる人たちがいますよと答えるとするならば——そして私は語っているわけではなのだよ、君がそれらのことどもの何かを遣る気にまあなっているなどとはね。否、思うに、君にとって思われることだろうかどうだろうかということをこそ語っているのだ。すなわち、まさにそのことは何一つとして恐らくはとまれ最善なることに無知である者にとって何時か思惑として身近に生じ、そこでまた彼が最悪のことさえも何時か最善なのだと思うことになるのは妨げないのだということだがね。それともそうは思われないだろうか、君には。

アルキビアデース　全くそう思うことに妨げはありませんね。

ソークラテース　されば中へと入って行ってまさに件のその人を見たがそれとも認識せずそしてまた他の誰かだと思ったとするなら、はたしてそれでもなお彼を君は敢えて殺すことだろうかな。

アルキビアデース　ゼウスに誓って、私には私がそうするとは思われません。

ソークラテース　何故なら、恐らくその出逢った者をではなくまさに彼の君が望んだ者をこそ殺そうとしていたのだから。そうだろう？

アルキビアデース　ええ、そうです。

ソークラテース　されば、よしんばまた何度も企ててもしかしその都度にペリクレースを認識し損なうとすれば、君がまさにそのことを遣ろうとする時に決して何時か彼に君は手を

C

掛ける見込みはないだろう。
アルキビアデース　ええ、決して。
ソークラテース　だがどうだね。オレステースを君は思うかな、何時かその母に手をかけたろうと、もしとにかく同様に彼が知ることを得なかったとすれば。
アルキビアデース　それは否だと思います、とにかくこの私なら。
ソークラテース　何故なら、恐らくは彼もまた出会《でくわ》した女も誰であれその者の母もこれを殺そうとなど心に思っていなかったのであり、否、自らが自らの母をと思っていたのだから。
アルキビアデース　まさにそうしたことなのです。
ソークラテース　して見ると、とにかくそうしたことどもを無知であることは、そのように心のあり方が置かれてありそうした諸々の思惑を持っている人々にとってはよりよいことなのだ。
アルキビアデース　そう見えます。
ソークラテース　されば君は承知してくれるのだね、何かのことどもの無知にそしてまた何かしらの身持ちにある人々にとっての無知は善きものであって(18)悪しきものではないのだということを。ちょうど先程にはそう君には思われていたのだったが。
アルキビアデース　どうやらそのようです。

八

D ソークラテース　なお、それならだよ、もしも君がその後のことを考察してみるならば、それは奇妙なことに、多分、君には思われることだろう。

アルキビアデース　何を取り分けてそう仰有っておられるのですか、ソークラテース。

ソークラテース　言って見ればということだが、とまれ他の諸々の知識の所有されたものはもし人が最善のもののなしに所有するに至ってあれば、[19] 一方、僅かの機会に裨益はするが、他方、害をもたらすのである、より多くのことどもに関してそれを所有する者を。しかし、こう考えて見給え。はたして必然的なことであるとは君には思われないだろうか、すなわち、何事かを我々がまさに或いは行為しようとしており或いは語ろうとしている場合は、我々は
E 思わなくてはならぬということが、先ず第一に我々は知っているのだとこう。或いは真実にも知っていることがだ。[20] それは我々がより一層即座にまさしく或いは語り或いは行為しようとしているそのことをだけれども。

アルキビアデース　とにかくこの私にはそう思われます。

ソークラテース　されば、弁論家たちは、或いは忠告することを知ったその上で或いは知っているのだと思ったその上で忠告するのではないか、我々に対してその時々に。或る者らは戦争とそしてまた平和とについて、或る者らは諸々の城壁の建設について或いは
145 諸々の港の用意について。一言で言うなら、それだけのことを何時かポリスが他のポリスに

向って遣っている、或いはポリス自らが自らに即して遣っているその限りは、弁論家たちの勧告からしてすべては生じているのである。

アルキビアデース　真実のことどもをお語りです。

ソークラテース　それならだよ、見てくれ給え、それらの上にあることどももまた。

アルキビアデース　もし私が出来ますならば。

ソークラテース　とにかく、して見ると、君は呼んでいるのだね、恐らくは、思慮深い人々とかつまた思慮のない人々というのを。

アルキビアデース　とにかくこの私であれば。

ソークラテース　されば、一方、多くの人々を思慮無き人々、他方、少数の人々を思慮のある人だとではないか。

アルキビアデース　その通りです。

ソークラテース　されば何事かに眼差しを遣りつつ両者を君は呼んでいるのではないか。

アルキビアデース　ええ。

B

ソークラテース　さればはたしてこのような勧告することを知っている者を、すなわち、どちらがよりよいか何時がよりよいのかを離れて、である者を、思慮深いと君は呼ぶのかな。

アルキビアデース　いいえ、決して。

ソークラテース　更にまたとにかく私は思わないな、誰であれ戦争することそのことを、

C

何時がよいかまたよりよい限りはどれだけかを離れて知っている人もそうだとは。だろう？

アルキビアデース　ええ、決してそうは呼びません。

ソークラテース　されば更にはもし誰かが誰かを殺すことを知っているとしてもまた財産を奪うことや祖国からの逃亡をすることを知っていたとしても、それが何時がよりよいのか誰をそうするのが善いかを離れてならば否ではないのか。

アルキビアデース　否です、確かに。

ソークラテース　して見ると、誰であれそのようなことどもの中の何かを知っている者、その彼にもし、一方、最善なるものの知識が伴うならば――それは、だがしかし、恐らくはまさにそれこそが裨益するものの知識でもあるところのその同じ知識なのだ。そうだろう？

アルキビアデース　ええ、そうです。

ソークラテース　だがとまれ思慮深い人としてはその人をこそ我々は主張することだろうし、また十分な勧告者なのだとすることだろう、ポリスにとっても自らが自らにとっても。だが、そのようにないような者は、それらの反対なのだ。それともどのように思われるかね。

アルキビアデース　先ずこの私にとってはその通りだと思われます。

九

ソークラテース　だがどうだろうか、もし人が馬を駆ること或いは弓を射ることを知って

D いるならば、或いはあらためて拳闘をするとか相撲を取るとかその他の競技の或るものを、或いはまた技術でもって我々が知っている限りのそうしたものどもの中の別の何かを知っているならば、何として君は呼ぶかね、まあ誰であれ何かをその技術に即してよりよく生じて来るものを知っている者を。はたして馬術に即しては馬術家とではないか。

アルキビアデース　とにかくこの私ならそう呼びます。

ソークラテース　他方、とにかく、思うに、拳闘の技術に即してであれば拳闘家だと呼び、笛吹の技術に即してであれば笛吹きの技術家だと呼び、また他のことどももそれらと類比的に呼ぶのだね。それとも何かしら他の仕方でだろうか。

アルキビアデース　いいえ、否、その通りに呼びます。

ソークラテース　されば君には思われるかな、必然的だ、それらのことについて何か知識
E しているる者であってはまた思慮深い人物であることはと。それとも我々は言うべきだろうか、それには多くを欠いているのだと。

アルキビアデース　多くを確かに欠いております、ゼウスに誓って。

ソークラテース　さればどのようなものとして国家の体制はあると君は思うかな、射手の優れた者たちに笛吹きの優れた者たちが、他方、なお運動選手たちにかつまたその他の技術家たちのそうしたのが、他方、ちょうど今し方に我々が語るに到った者たちの中にはまさに戦争することにかつまたまさに殺すことを知っている者たちが、加えて弁論家なる男どもの

ポリスに関わった誇張で一杯に膨らんだ手合いが、すべてこうした連中はいるものの、だがしかし、それが最善なものの知識と知る人とを、何時がそして何に向ってはこれらの人々の
146 一人一人を用いるべくよりよいかを知っている人を、欠いてあるとすれば[21]。

アルキビアデース　何か拙劣なものとしてですよ、この私なら、ソークラテース。

ソークラテース　とにかく、思うにきっと君は言うことだろう、君が彼らの各々一人一人が名誉を愛しかつまた国家体制の最多なそれとして配しながら

　　　　その者に部分を
　　すなわち、そこでこそ自らが自らよりも立ち勝る部分を

とこうするのを見るその時にはね。然るに、僕はこれを語っているのだよ、技術そのものに即して最も優れて生じて来るもののことを。けれども、ポリスにとってかつまた自らが自ら
B にとって最善であるもののことでは、彼はすっかり過ってしまっているのである。思うに、彼が知性なしに思惑に信用をおいてしまっているものだから。とは言え、それらがそのようにこそそのあり方があるのであれば、はたして全うに我々は語っていると言えないだろうか、多大の混乱とかつまた不法とにそうした国家体制は満ちているのだと言った上で。

アルキビアデース　全うに確かに語っております、ゼウスに誓って。

ソークラテース　されば、必然的なことだと我々には思われていたのではなかったかな、先ず第一に我々は知っているのだと思わねばならぬことが、或いは真実にも知っているので

C

なければならぬことが、即座にまさに我々が行為をしようとしていること或いは語ろうとしているそのことをだよ。(22)

アルキビアデース　ええ、そう思われていたのでした。

ソークラテース　されればまた、もし、一方、人がその知っていること或いは知っていると思惑することを行為するのではあるが、他方、裨益する仕方で行為することが伴うならば、(23)我々は得をする仕方でそのあり方あることだろう、ポリスにとっても自らが自らにとってもと、こう思われていたのではないか。

アルキビアデース　どうしてそうではなかったことがありましょうか。

ソークラテース　だがしかし、とにかく、思うにそれらの反対であったならば、ポリスにとっても自らが自らにとっても得はしないのではないか。

アルキビアデース　はい、決して得は致しません。

ソークラテース　だがどうだね。この今にもなお同様に君にはあるのだと思われるのかな、それとも何か他の仕方で思われるのかな。

アルキビアデース　いいえ、いや、その通りに思われます。

ソークラテース　さればはたして君は言っていたのだったね、一方、多くの人たちを思慮を欠く者らだと呼び、他方、少数の人々を思慮深い人たちだと。(24)

アルキビアデース　とにかくこの私ならそう呼びました。

D

ソークラテース　されば我々は主張するのだ、再度、多くの人々は最善なるもののことで過ちを犯してしまっているのだと。それはとにかく多くのことどもを、思うに、知性なしに思惑に信を置いてしまっているものだから。㉕

アルキビアデース　何故なら、私たちはそう主張するのですから。

ソークラテース　して見ると、多くの人々にとっては知らぬこと、また何一つ知っているとは思わないことが得になるのだ、もしも苟とにかく一層彼らはまあ彼らが知っていることどもを或いは知っていると思うことどもを行為することに逸るものなのだが、行為して行くと裨益されるよりは害されるべくもより多くがあるのであれば。㉖

アルキビアデース　最も真実なことどもをお語りです。

一〇

E

ソークラテース　されば君は分かるわけだね、とにかく私が他の諸々の知識の所有されたものは、恐らくはもし人が最善のことの知識なしに所有に至れば、一方では僅かな時にしか裨益することはなく他方より多くのことどもに関してそれを持って所有している者を害するだろうと主張した時は、㉗はたして真実にも全うに私ははっきり語っていたのではなかったか。

アルキビアデース　よしんばその時は否だったにもせよ、いや、この今はそう思われます、ソークラテース。

147 **ソークラテース**　して見ると、ポリスにしても全うにまさに生きようとしている魂にしても、この知識にこそ執心するのでなければならないのだ。ちょうど病人が医者に或いは誰か或る船長に恙なく航海をまさにしようとしている者がそうするように。何故なら、その知識を欠いては財産の獲得をめぐった或いは身体の強健をめぐっての或いはそうしたことどもの中の或ることをめぐっての魂のことが(28)より輝かしく順風に乗れば乗る程に、それだけにより大きく過ちがそれらのことどもからして生じて来ることが必然的で、どうやらあるようなのだから。他方、さあそこで、所謂博学とそしてまた多芸とを所有するに至っている者、だがその知識からは見放された孤児である者は、(29)だがしかし、それら他の知識どもの一つ一つに

B よって導かれて行く中で、はたして真実にも当然のことに多くの嵐に遭遇することにもなるのではなかろうか。それは、思うに彼が舵取りなしに大海の中で終始するからだが、その際、彼は長からぬ時間に渡って人生を(30)走るのである。そこでまた結果して来ると僕には思われることにもなるのだ、ここにおいても件の詩人の言い種が。それは或る人のことを何処かしら非難しつつ語っているのである、して見ると、「多くのことどもを、一方、知識してはいたが、他方、悪しくこそ」と、彼は言うのだが「知識していたのだ、すべてをば」

アルキビアデース　そして一体どうして詩人の(31)言い種が帰結するのだというのでしょうか、ソークラテース。何故なら、一方、この私にとってはどんなことであれそれが議論に向っては語られてはいないと思われますから。

ソークラテース　とにかくまた大いに議論に向っては語られているのだよ。いやしかし、謎めかしているのだよ、いとも優れた君よ、この詩人もそして、他方、他の詩人たちが何か殆どすべてね。[32] 何故なら、実にあるからだ、本性上、詩の技はその一切が謎めかしたものであり、かつまた有象無象の男のすることではないからだ、しかと認識することは。なおまた詩が本性上そうしたものであるのに加えて、物惜しみをしてかつまた自らの智慧を我々には

C

自分の智慧を示すことは望まず出来るだけ隠そうとする人からそれが取られる場合は、実に途方もなく事は何とも不可解なものに現われるのだ、一体全体何を彼らの各々が心に思っているのかはね。何故なら、きっと君はとにもかくにもホメーロス、最も神的にしてかつまた最も智慧ある詩人である者が「悪しく知識することはあり得なかった」ということを無知であるとは思わないだろうからね——何故なら、彼こそが「マルギテースは多くのことどもを、一方、知識している」と言った者なのだ「だがしかし、悪しく」と彼は言うのだ「すべてを知っていたのだ」と——だがしかし、思うに彼は謎めかしているのだ、「悪しく」というのを、一方、「悪いこと」の代りにも、他方、「知識をしていた」を「知識すること」の代りに引き

D

入れて来て。されば一緒にされたものは、一方、韻から外れはするが、他方、彼が望むことはそこに実にあるわけだ。曰く「多くのことどもを彼は知識してはいた、けれども、悪しきことだった、彼にとってはすべてそれらを知識してあることは」とこうだ。[33] されば明らかに苟も彼には多くのことどもを知ることが悪しきことであったのだとすれば、彼は何か拙劣な

E 人間だったのだ。苟もとにかく先に語られた諸々の議論に信を置かねばならぬとすればだ。

アルキビアデース　いや、この私には先ず、思われます、信ずべきだと、ソークラテース。そもそもとまれ如何にも困難な仕方で他の諸々の議論に対しては私は信を置くことでしょう、苟もそれらに置くことが出来ないのなら。

ソークラテース　また全うに君にはそう思われていることだ。

アルキビアデース　もう一度、あらためて、私にはそう思われているのです(34)。

一一

148 **ソークラテース**　いやしかし、ここが我慢のしどころだが、ゼウスの御前で――何故なら、君はきっと行き詰まりをどれだけのものかそしてまたどのようなものか承知しているからであり、他方、それを君もまた、僕には思われるからだよ、もう共同してくれているのだとね。君は、とにかくだ、上を下へと何であれ変えながら止むことがなく、いいや、まあ何であれこれぞと君に思われたことでも、それをまたあらためて最早同じようには思われないのだと示すということになるだからね――さればもしとまれ君になおこの今にも顕現して下さった上で神様の、その御方へと向って君がたまたま進み出ている方がお尋ねになるとするならば、それは何であれそれを君が祈願する前にであるが、すなわち、君には最初にも語られていたことどもの(35)それらの中の何かが生ずることが満足なのか。それともまた君自身にも祈願することはお任せになられるとすればなのかと、こうお尋ねだと、何を一体、君は思うのかね、或いは彼から与えられる諸々から取りながら或いは自らそれが生ずるようにと祈願した上で、それこそ好機に当たることなのだとだよ。

アルキビアデース　いやしかし、神々に誓って、この私は先ず、何一つも言うことは出来かねるところです、ソークラテース、そのようにはですね。否、それは何か気の狂ったこと
B だと[36]私には思われますし、また本当に多大の用心の要ることなのです。人が自分で知らずに一方では悪しきことどもを祈願していながらも他方では善きことどもを祈願しているのだと思われることがないためには次いで僅かばかりを待ち、まさしくこれをあなたもまたお語りでしたけれど、[37]取り消しの歌を歌ったりしないためにはです。最初に彼が祈願したところのことどもを願い下げにしながらにですよ。

ソークラテース　さればはたして我々よりは何かより多くを知った上で詩人は、彼のことを議論の始めにおいてもまた私は言及したのだったが、「惨めなることどもはよしましたこれを祈る者どもに対してもまた避けさせ給え[38]」命じたのではなかったかな。

アルキビアデース　とまれ、この私にはそう思われます。

C **ソークラテース**　それならだ、先ずはこの詩人を、アルキビアデース、ラケダイモーンの人々もまた詩人を競って望んで或いはまたまた自分自身でも考察を加えるに至っていてか、私的にも公的にも、その時々においてそれに如何にも近い祈りを祈るのだ。美しいことども

を善きことどもの上に神々があらためて彼ら自身に与えまさんことを懇願しながらに。[39] だがしかし、より以上のことどもを誰一人も彼の人々が祈願するところを聞くことはきっとあり得ないことだろう。さればとて、時のこの今現在に至るまで誰一人の者たちに劣ることなく、彼らは幸運であるのだ、人間としてね。だが、もしひょっとして事が結果して、そこでまたすべてのことどもがうまい巡り合せではないようなこととなっても、しかしながら、されば D それは彼らの祈願の故にではないのだ。事は神々の上にこそあって、そこでまた、思うに、人がたまたま祈ったことどもをも与えることになるし、それらの反対のことどもをも与えることになるのである。

一二

他方、僕は君に別の或ることを詳しく語ってみたいと思う。それは何時かしら年長の[40]或る人たちから私が聞いたのだったが、何でもアテーナイ人たちとラケダイモーンの人たちとにとって諍いが生じた時に事は常に我々のポリスにとり結果してそこでまた陸でも海でも戦闘が起った時は何時も運が悪く決して打ち勝つことが出来ないということになったのだとか。 E さればアテーナイ人たちはその事に苛立って、どんな工夫でもって現在する諸々の悪からの方向転換を見出したものかを考えあぐねていたのだったが、彼らが詮議し続けたところ彼らには最上策だと思われたのだった、彼のアンモーン神[41]に使いを派遣してお伺いをしてみるということが。他方、なおそれらに加えてこれらのことどもをお伺いすることが。すなわち、一体、何のためにラケダイモーンの人々にこそ神々はむしろ彼ら自身よりは勝利をお授けになるかとそうすることが。我々は、とこう言ったのだが、一方、ギリシアー人たちの中では最も数多くのまた最も見事な犠牲式を執り行い奉納物の数々でもって彼らの神殿を我々以外の誰一人の者らもそうはしないようにすでに飾り立てておりますし、また諸々の祭列も最も
149 高価で厳粛なのを神々に対して年々歳々捧げております、かつ金銭を我々は納めております、他の一切のギリシアー人たちさえも納めてはいないそれ程に。だがしかし、ラケダイモーンの人々にとっては、とこう言ったのだが、何時如何なる時にもそれらのことの何一つも気にすることではありません、否、神々に向ってこれを疎んじた遣り方でそのあり方をしていて、そこでまた片ちんばな諸々をその折々に犠牲として捧げて、その他すべてのことどもにつけ少なからずこの我々に比較すれば欠けた仕方で尊んでいるのでございます、その際、彼らは金銭はこれを我々のポリスに何ら劣らず所有してあるのに、[42] とこう。さあそこで、それらのことどもを言い終えそして何を遣って行けば彼らが諸々の降りかかっている悪しきことども
B からの免れを見出すことかを尋ねるや、一方、他の何一つも神の御心の取次ぎ手は答えずに――明らかに神がそれを許さなかったからだが――しかし彼自らが呼んだ上で「アテーナイ人たちには」とこう言ったのだ、「これらのことどもをお語りなのである、アンモーンの神は。すなわち、彼は仰せられるのだ『望むらくは身どもにはラケダイモーンの人々の善き言葉の[43]

あることじゃ、ヘッラースの民どもの一切合財の神殿などよりも』」とこう。それだけのことどもは言ったのだが、それ以上は最早言わなかった。

　さればとにかく「善き言葉」とは他の何かを神が語っているのだとは私には思われないのだよ、彼らの祈りより以外のね。何故なら、実にそれはあるからだ、真実、他の人々からは
C 隔たって。何故なら、一方、他のギリシアー人たちは、或る人々は金箔をかぶせた牛たちを傍らに立たせながら、他方、或る人々は奉納物でもって神々に捧げ物をしながら、祈願するからだ、善きことどもであれ悪しきことどもであれ、何であれそれらが当っていることどもを。されば、彼らが軽はずみな祈りを捧げているのをお聞きになられながら、神々は高価なそれらの祭列にかつまた犠牲の数々を受け入れはなさらないのである。いやしかし、僕には思われるのだ、多大の用心と思案とが必要だと、何を言わなくてはならぬか、何は言ってはならないかと。

一三

　だが君は見出すことだろう、ホメーロスの許でもまた別のこれらのことに近いことどもが
D 言われているのをだ。何故なら、彼は言うのだから。トロイアーの人々が野営をしながら

　　なしたのである、神々に対して完璧の百頭捧げを
他方、焼いた犠牲の香りを平野から風たちが天空のその中へと運んで行った、

その甘きをば。だがその香りの何かを神々なる至福の方々は分かち合われず
その気にもなられなかった、何故なら、彼らには嫌われてあれば、清きイーリオスが
E またプリアモスがまたプリアモスのよきトネリコの鑓を持つ兵士らが[44]

そこでまた何一つ彼らにとっては役には立たなかったのだ、犠牲を捧げることもそしてまた諸々の贈物を献納することも空しくて。神々に彼らが疎まれてあっては。何故なら、思うに、そのようなものでは神々のことはないからであり、そこでまた諸々の贈物によって道を逸らされることはありはしなのである、ちょうど悪しき金貸しのようにだ[45]。否、この我々もまた御人好しの議論を語っているのである、ラケダイモーンの人々をその道筋で凌駕しているのだとなど思い込んでいるのなら。何故なら、また恐ろしいことだろうからだ、もしも諸々の贈物や諸々の犠牲に向って我々の神々は眼差しなさるが、しかし魂に向って人がもしかして
150 敬虔であるのか正しくあるのかとはそうはなさらぬというのであれば。どにかく、思うに、むしろ大いに向け給うのだ、高価なそれらの祭列にそしてまた犠牲にお向かいでそうなさるよりも。それらをば何ら支障はないのである、多くのことどもを一方神々にかけて、他方、多くのことどもを人間たちに掛けて過ちを犯してしまっている者どもが、私人であれポリスであれ毎年毎年捧げることが出来るということは。だがしかし、これらの方々は、収賄する者どもではないのであれば、すべてそれらのことどもを軽くお思いになられるのだ。それは
B 神がそして神々の代弁者が言われるその通りなのだ。とまれ、恐らくはされれば神々の許でも

人間たちの知性を持っている者たちの許でも正義とかつまた思慮とが並々ならず尊重されてこそあるのである。だが、思慮ある人々と正しき人々とは知っている人々よりは他ではないのだ、何を行為しそして語るのでなくてはならないか、神々に向っても人間たちに向ってもということを。[46] だがしかし、僕は望みたい、また君から聞くことを。一体何をそれらのことどもに向っては心の中に持っているのかを。

アルキビアデース　いやしかし、この私にとっては先ず、ソークラテース、何かしら別の道筋で思われることなどありは致しません、まさしくその道筋であなたとそしてまた神とに思われるより以外のです。何故なら、決して尤もだとなど言えませんから、反対投票をする者になどこの私がなることは。

C

ソークラテース　されば、君は覚えてはいないかな、[47] 多大の行き詰まりの中にあるのだと君が言っていたことをだ、どうとかして君が君自身が知らないのに悪しきことどもを祈っている、だがそれらを善きことだと思いながらなのだといったことがないそのためにで。

アルキビアデース　とにかく私であれば覚えております。

ソークラテース　されば君は分るのだね、蹉跌なきことでは君には神に向って祈るために進み出ることはないのだというように。それはそこでそのように事がたまたま巡り合わせとなることもないために、すなわち、君が軽率な祈りをしているのを聞かれながら犠牲のそれの何一つをも神が受け入れようとはなさらないといったことにはならず、他方、多分は何か別のことを加えて得るということにはならぬためだが。さればこの僕には先ずは思われるのだよ、最善なのだ静かにしていることがとこう。何故なら、ラケダイモーンの人々の祈りを気位の故には――ともかくもこれこそが、して見ると、とにかく無思慮においてある諸々の
D 名前の中では最も美しいのだけれど――思うに君は用いる気にはならないことだろうからね。されば、必然的なことなのだ、じっと待っていることが、人がどのように神々に向ってまた人間たちに向って如何にその身を置くかを学ぶまでは。

一四

アルキビアデース　何時、されば時のそれは現在してくれるのでしょう、ソークラテース、また誰が教えてくれようとする人なのですか。何故なら、まあ最も心楽しく私は私にとって思われるのですからね、その人間が誰であるかを見ることを。

ソークラテース　この人、その人にとって君のことが気掛かりである人だよ。いやしかし、僕には思われるのだよ、ちょうどディオメーデースのためにアテーナーがその両目から靄を拭い去ったとホメーロスが言っているように[48]――

　　そは良くぞ彼が認めんがため、神であるかはたまた人間かを

E そのように君にとってもまた魂からして第一にその靄を拭い去ってくれる人が必要なのだと。靄はこの今はたまたまかかっているわけだがね。その時には今やすでにそれらを通じて君が

悪であるものはたまた優れたものをまさに認識しようとしているものどもが、貢献するのであると。何故なら、今は先ず僕には君は思われるからだ、認識することは出来まいと。

アルキビアデース　人は拭い去り給え、よしまた彼が靄をであれ別の何かをであれ。この私は彼によって課せられたことどもの何一つをも避けはしないだけの用意はもうしているのだということで。彼その人がどんな人であってもです。もしとにかく私がまさしくよりよくなろうとしているのならばですよ。

151 **ソークラテース**　だがしかし、実際、彼の人もまた君をめぐっては驚く程の熱意を持っているのだよ。

アルキビアデース　それならです、その時へと犠牲もまた延期することが最上だと私には思われます。

ソークラテース　またとにかく全うにそれは君に思われていることだ。何故なら、それ程の危険を冒すよりもより安全だから。

アルキビアデース　いやしかし、どのようにしたものでしょうか、ソークラテース。また
B 実際この花冠を私にはあなたは立派にともにもう諮って下さっているように思われますから、あなたに被らせましょう[49]。けれども、神々のためには諸々の花冠もまたその他すべての定めの諸々をその時にこそ我々は与えることでしょう、彼の日の遣って来たのを私が見る時にこそです。ですが、遣って来ることでしょう、やがて、神々が思し召しのその時は。

ソークラテース　いやしかし、僕は受け取るよ、それもまた。そして、他方、別の何かを、君から与えられるものどもの中のを受け取った自分自身をきっと僕は喜んで見ることだろうよ。ちょうど、他方、クレオーンもまたであるがエウリーピデースのために詩作されていてテイレシアースが諸々の王冠を持っているのを見た上で、そして敵どもからの諸々の初物を自らがその腕で手にしたのだと聞いて、こう言っているようにね。

吉兆だと私は置いた、勝ち誇るあなたの諸々の王冠を(50)

何故なら、大波の中に我らは置かれてあるのだから、ちょうどあなたの御承知の如くC

そのように、だがしかし、この僕もまた君からする名誉のこれを吉兆だとするよ。然るに、僕が僕に思われるにクレオーンに劣らぬ大波の中にあるのだが、また僕は望ませてもらっているのだよ、勝ち誇る者と君を恋する男たちの中でなることを。

平成二十年十一月三日午前四時五十分翻訳開始、同十一月六日午後六時八分完了

『第二アルキビアデース』篇註

（1）岩波版『プラトン全集』6（川田殖訳）は〝注意を逃れる・気がつかれない〟という意味の原語（λανθάνω）を諸写本がλήσεται の形で読むところをベッカーの読む未来・三人称単数形の形と主語を出す形でλήσει πω という読み方で読んでいます。ビュデ版のスイエもその読み方で読んでいます。それはそれで尤もですが、諸写本の読み方で読むことが出来ないかというとそうではありませんから、私は保守主義を採り諸写本のままに読むことにします。 237頁

（2）英明なる王オイディプースの知らず父を殺しまた知らず母と結婚した人間的な暗愚の不幸と悲惨の話しはソポクレースの『オイディプース王』が描いていますが、彼の二人の息子であるエテオクレースとポリュネイケースはその忌わしさを世に隠そうと彼を幽閉します。そのことに怒ったオイディプースは息子の二人を呪い二人が王権をめぐって争うように呪詛を致します。

エウリーピデースの悲劇『フェニキアの女たち』の冒頭（第一行から第六八行）にその情景は描かれています。 237頁

（3）諸写本の読み方に異同がありますが、バーネットの底本で一応読んでおきます。B写本でも意味は同じことでしょうか。 239頁

（4）『プロータゴラース』篇に〝されば、諸々の反対のものどもの一つの各々にとってはただ一つだけが反対のものなのであり、そして多くのものどもがではないのではありませんか〟（三三二C8～9）とあります。 240頁

（5）ホメーロス『イーリアス』第一〇巻二二四～六行に「またともに二人して行きつつは、また一人が他の前に見て取った、どうしたら事は有利かと。だが一人ではよしまた見て取ったとて、いやしかし、かつ彼に思いは到らず、また他方、謀は手薄」とあります。そのパロディーです。242頁

（6）一三八Dを参照。244頁

（7）註の4で触れた辺り『プロータゴラース』篇の三三二A6～8でも「だがしかし、どちらでしょうか。人々が全うにそしてまた利益に適って行為する場合には、その時には思慮を健全にしているのだとあなたに彼らは思われますか。それとも反対だと」とあります。244頁

（8）ホメーロス『イーリアス』第二巻三〇三～四行に「昨日か一昨日に、その時にアウリスへとアカイア勢の戦艦が集結したのだった、諸々の禍をばプリアーモスとトロイア人らにもたらしつつ」とあります。247頁

（9）『ゴルギアース』篇の四七一A以下ではどのように彼が王位を簒奪したかということが悪感情を伴ってソークラテースの口から語られていますが、だがし他面、その治世にはむしろ見るべきものがあったとトゥーキューディデース『歴史』第二巻（一〇〇）にあります。247頁

（10）同様に『国家』篇五五三Bも記述します。248頁

（11）『パイドロス』篇二四三ABではソークラテースが弁論代作人がものしたエロースを蔑するスピーチの向うを張って同じようにエロースを蔑したスピーチを自らが語った罪を深く思い、その〝取り消しの詩〟を語るのだということが言われます。249頁

(12) ホメーロス『オデュッセイアー』第一巻三二～三四行に「うーむ、何たることをさあ今に神々を死すべき輩は攻め取ることか。我らからしてとそいつらは言うからだ、諸悪が存するのだと。だがしかし、彼ら自らが己の烏滸がましさでもって定めを超えて諸々の苦痛を持っているのだ」とあります。ここでは〝無思慮でもって〟という表現が加えられています。249頁

(13) 出典は分かりませんがここでは〝善きもの〟という言葉と〝悲惨なことども〟という言葉とをぼんやりと対比させながら語っているそこが、何かしらその〝善きもの〟という言葉が持つずっしりとした重みを私どもに思わせるところがありましょうか。スイエは「ディオドーロスは報告している、ピュタゴラースは神々に対して求めることを定めていた、その諸々の祈りにおいては一つの一般的な仕方での諸々の善きものをこそ。そして如何なる善きものの特殊なもの、力・美・富といったようなものをも明示せぬことを（ディオドーロス、Ｘ９・８）。似たような定式がソークラテースへとクセノポーンによって帰せられている。〝他方、彼は神々に向い祈りもしたのだった、端的に善きものを与えませと。神々は、哲学者は言い足したのだった、十分に何が善きものかは御存知なのですと（『ソークラテースの思い出』Ⅰ、３、２）」とこう註をしています。249頁

(14)『第一アルキビアデース』一一八Ａも同様、250頁

(15) 以下、第七章末までの〝無知〟ということへ光りを当てる議論は『第一アルキビアデース』篇一一七Ｂ～一一八Ｃの議論と呼応しています。その対照をどう考えたものか。251頁

(16) 古代ギリシア世界で母親殺しを犯した人間として幾たびも文学上に取り上げられた人物たちです。オレステースはホメーロスよりこの方ステーシコロス、アイスキュロス、ソポクレース、エ

ウリーピデースに取り上げられています。アルクメオーンはアルゴスの英雄アンピラーオスとエウピュレの子、テーバイへ攻め上るポリュネイケースによって首飾りで籠絡されたその妻エウピュレーによって死が必然の遠征に加わらざるを得なかったアンピラーオスがその子たるアルクメオーンに母を殺すことを言いつけるのでした。251頁

(17) アルキビアデースの父のクレイニアースは前四四七年のコロネイアの戦いで戦死し、ために彼ら兄弟はその近親であったペリクレースの後見を受けることになりました。252頁

(18) これが当面の議論が目指していた結論ですが、プラトーンにおいての通常の議論では「なすべきことのなし方を知らぬ無知こそが悪なのだ」とされています。この議論は所謂〝知らぬが佛〟という諺とどう違うのでしょうか。それともそのままなのでしょうか。254頁

(19)『国家』篇に「・・・とはとにかく『善きもの』のイデア（姿）こそ最大の学科なのだということはしばしば君は聞いているのだということだ。さあそこで、それをこそ諸々の正しいことどももまたその他のことどもも用いた上で有用でまた有益なものとなるのだけれども。

この今にもまた殆ど君は承知をしているのだ、まさに私がそのことを語ろうとしているのだということは。そしてそのことに加え、それを十分には我々は知ってはいないのだということをそうしようとしていることも。然るに、もしも我々が知ってはいないようだとするならば、他方、それなしにもし精々他のことどもを我々が知識しているのだとしても、君は知っているわけだ、我々にとっては何一つの増しもないのだということを」（五〇五Ａ２～７）という重要な語り方があります。255頁

(20)『第一アルキビアデース』篇の一一七Dも同様に論じています。255頁

(21) 今日の我が国家社会を一般的に考えて見ればここでソークラテースが思っているような状況でこそあるとは思われないでしょうか。すなわち、技術的な対処ということが必要な場面での対処は科学技術的に日進月歩してあり余る程の進歩が見られて人々はそうした技術上の成果を十二分に享受出来るけれども、殆どその享受ということだけが人間の問題のすべてであるかのように人々は思ってそれで一切を済ますような、そうした状況に満ちているということです。

一つの技術が一つの場面の問題を技術的に解決することが直ちにそのまま「最善なものの知識」の獲得そのことであるかどうかということを、ソークラテースは人間たるものは問題にしなくてはならないのだとする立場を採るわけです。皆さんにも考えて欲しいところです。253頁

(22) 一四四D参照。260頁

(23) 一四五C参照。260頁

(24) 一四五A参照。260頁

(25) 一四六A参照。261頁

(26)『第一アルキビアデース』篇一一七Eを参照。261頁

(27) 一四四D参照。261頁

(28) シュタルバウム以来、バーネット・スイエ・岩波版などは私がBT写本の読みに従って「魂のこと」と訳しているところを「巡り合わせのこと」(τὸ τῆς τύχης) と読んでいます。成程、その読み方の方が当面の議論にとってはより相応しいかなとも思われないでもありませんが、しかしそ

うしないと、つまりBT写本のままの読み方だと文意不明になってしまうかというと決してそうではなくそれなりに有意味な文章でありますから、私は写本を採用する上での保守主義に従って、有力写本のままにここは読むことに致しました。262頁

(29) 彼の〝暗き人〟ヘーラクレイトスという哲学者の『断片』四〇に「博学は悟りを教えず」というのがあります。262頁

(30) ここのところ岩波版『プラトン全集』6に川田殖氏の一三九頁註3があり、まあ底本の読み方でもよいかという感じですが、私はステファーノス版の〝人生の〟は読まずBT写本のまま〝人生を〟の方を読みました。262頁

(31)「この詩人はホメーロスであり引かれた詩句は滑稽叙事詩の『マギステース』から由来する。それの僅かの断片が我々に偽プラトーンにより、アリストテレースにより、アレクサンドリアのクレメンスにより、アリストパネースの一古註により(ホメーロス『カルミナ』を参照せよ、『ディド』p.580)保存をされている。マギステースなる主人公は突飛な(μάργος)タイプであり、奇妙な思いに満たされて、有用なことに取りかかることが出来ない。アリストテレース(『ニコマコス倫理学』第六巻七章1141a215)により報告されアレクサンドリアのクレメンス(『ストローマテイス』第一巻第三章25、1)によって補われた箇所において、ホメーロスは彼をかく描写している。すなわち、〝神々は彼について大地の働き手とも農夫とも何でもあれそれにおいて有能な人間ともなさらずじまいで、否、彼は万事において不器用であった〟と」(スイエ)262頁

(32) プラトーンという人は事柄そのものを検討するのに詩人たちの語った言葉を踏まえてこれを行

うことが、実にしばしばです。先ず『プロータゴラース』篇の三四二A〜三四七Bが典型的でしょうが、その他にも『カルミデース』篇一六二A・『リュシス』篇二一四Dなど。加えて、『国家』篇における国家の守護者の教育をめぐってホメーロスの数々の詩句が引かれることもそれに連なることでもありましょうか。263頁

(33) すなわち、詩というものには色々の含蓄があるからその含蓄をよく見ればこういうことにもなるではないかと議論しているわけです。263頁

(34) 岩波版の註（一四一頁の註2）もありますが、底本のまま読んでよいと思います。264頁

(35) 一四一A〜B参照。264頁

(36) ここには註31で触れられたマギステースという突飛で常軌を逸した人物のマギステースとの語呂合わせで〝マルゴン〟（気の狂った）という言葉が語られています。265頁

(37) 一四二D参照。265頁

(38) 一四三A参照。265頁

(39) プルータルコス『倫理論集』二三九Aを参照。266頁

(40) 底本はこの〝年長の〟という表現を削除していますが、私はその必要はないと思います。266頁

(41) エティオピアの神でギリシア人はゼウスと同一視しました。アンモニアはアンモーンの神殿の天井にその神殿で燃やす煙がこびりついて出来たものから名づけられました。そういうものが出来るものを内で絶えず燃やしていたのでしょうか。その神託や預言が尊ばれました。266頁

(42) スパルタの富裕のことは『第一アルキビアデース』篇一二二D〜一二三Bを参照。267頁

(43)『パイドーン』篇六〇A3～5に「されば我々をクサンティッペーは御覧になるや、悲しみの声を上げ」とでも訳したものかと思われる下りがありますが、それはまた「悲しみの場ですわ」とも訳してよい言葉です。人はその場を言葉でもって汚してはならないということがあり、私どもはその場に相応しく言葉を慎むことが求められることがあります。だから、岩波版の訳のように「つつしみある言葉」と訳す方が私の「善き言葉」という訳よりもむしろ適切な訳だとされてよいところです。私はただ「よく言う」という直接的な意味を採っただけです。267頁

(44)ホメーロス『イーリアス』第八巻五五〇～五五二行です。269頁

(45)こことは逆に神々もまた贈物によって籠絡されるのだというような如何にも卑俗な考え方が『国家』篇三六五E以下に見られます。日本人の所謂〝地獄の沙汰も金次第〟ということです。ここは、無論、神の意の動かすべからざる厳格と超越とを語っています。269頁

(46)『ゴルギアース』篇五〇七A以下を参照。270頁

(47)一四八A～B参照。270頁

(48)ホメーロス『イーリアス』第五巻一二七行です。271頁

(49)この筆致は『饗宴』篇の素敵な情景を連想させる。そこではアルキビアデースがここと同様ソークラテースに冠をかぶせるのである（二一三E）。272頁

(50)エウリーピデース『フェニキアの女たち』八五八～八五九行、273頁

(平成二十四年四月二十一日、午前九時三十五分、擱筆)

「櫂歌全書」発刊の辞

野に遺賢あり、という。史資料にも、その価値・意義が高いにもかかわらず、私たちの目に触れる機会を逸しているものが少なくない。それは地中に眠る考古文化財に似ていよう。

世は挙げて消費文化の時代である。活字文化の衰退が嘆かれながら、片や、ただ一瞬の娯楽に供されるだけの出版物が氾濫している。

ＩＴ情報ネットワークの隆盛も、ひたすら便宜の供与のみが急がれて、情報化される以前の原石の存在に遮幕を掛けている弊をなしとしない。それがまた、真摯な研究、思索に深くかかわり得る史資料の発掘、刊行をさまたげる要因の一つになっている。

ここに「櫂歌全書」の刊行を企図するのは、私たちの足下周辺に目を配り、たとえ読者は少なかろうと、再読三読に耐える学術に新しい息吹きを回復させんがためである。

二〇一〇年錦秋

櫂歌書房

プラトーン著作集　第六巻　第一分冊
善・快楽・魂
ISBN978-4-434-22987-9　C0310

発行日　2017年2月1日　初版第1刷
著　者　　水崎　博明
発行者　　東　　保司

発　行　所
櫂　歌　書　房
〒811-1365　福岡市南区皿山4丁目14-2
TEL 092-511-8111　FAX 092-511-6641
E-mail:e@touka.com　http://www.touka.com
発売所　　株式会社　星雲社
〒112-0005　東京都文京区水道1-3-30